Benediktinische Bibliothek

Band 1

Anselm Grün
Fidelis Ruppert

Bete und arbeite

Eine christliche Lebensregel

VIER TÜRME

Inhalt

Einleitung 7

**I. Der Rhythmus
von Gebet und Arbeit** 15

Zum Stellenwert
von Gebet und Arbeit 15

Die Notwendigkeit der Arbeit
für das geistliche Leben 18

Der Wechsel von Gebet und Arbeit . . . 34

**II. Das Ineinander
von Gebet und Arbeit** 41

Die Gebetshaltung bei der Arbeit 41

Leben in der Gegenwart Gottes 41
Beten bei der Arbeit 50

Die richtige innere
Haltung bei der Arbeit 65

Liebe und Dienst 66
Demut und Gehorsam 73
Sorgfalt und Ehrfurcht 79
Gotteslob und Danksagung 88

Die Arbeit ins Gebet nehmen	. . . . .	101
Das Psalmengebet	102
Die gebetete Lesung	105
Voraus- und Nachmeditation	110

Zum Abschluss 129

Anmerkungen 135

Einleitung

Die Beziehung zur Arbeit ist heute von einer zwiespältigen Haltung geprägt. Immer mehr Menschen leiden daran, dass sie keine Arbeit finden oder ihre bisherige Arbeitsstelle verloren haben. Sie erfahren die Arbeitslosigkeit als Entwertung ihrer Würde. Mit der Arbeit haben sie oft auch ihr Selbstwertgefühl verloren, und sie sind aus ihrem Rhythmus herausgefallen. Jetzt erst spüren sie, wie die Arbeit ihr Leben geordnet und es in einer gesunden Spannung gehalten hat.

Andere, die im Arbeitsprozess stehen, stöhnen unter der Last der Arbeit. Da wird die Arbeit immer mehr durchorganisiert. Jede Minute wird verplant. In einer immer kürzeren Arbeitszeit hat man immer größere Leistungen zu erzielen. Die Arbeit wird vor allem am Ergebnis gemessen. Da werden von der Firmenleitung Richtzahlen ausgegeben, die man erfüllen muss. Diese Richtzahlen werden sogar schon zum Maßstab für die Arbeit in der Kranken- und Altenpflege. Vielen, die früher gerne alte und kranke Menschen gepflegt haben, wird damit die Motivation genommen. Alles dreht sich nur noch um das Geld und um die Berechenbarkeit der Arbeitsleistung. Viele leiden an Überforderung. Sie fühlen sich gestresst.

Was hat in dieser modernen Arbeitssituation ein alter Text wie die Benediktsregel zu sagen? Vor 1500 Jahren herrschten andere Arbeitsverhältnisse. Da ging es vor allem um den Erwerb des eigenen Lebensunterhaltes. Für uns Autoren ist die Regel nach wie vor Richtmaß für unsere eigene Arbeit und unseren Versuch, die Arbeit aus einer anderen Quelle heraus zu leisten. Diese andere Quelle wird durch den Gegenpol der Arbeit, durch das Gebet, angesprochen. Das Gebet möchte uns mit der inneren Quelle in Berührung bringen, aus der all unser Tun strömen sollte. Es ist die Quelle des Heiligen Geistes, der in uns ist. Aber oft genug sind wir von dieser inneren Quelle abgeschnitten. Stattdessen arbeiten wir aus trüben Quellen. Da ist etwa die Quelle des eigenen Ehrgeizes. Wir wollen uns durch die Arbeit selbst beweisen. Eine andere trübe Quelle ist der Druck, unter den wir uns selbst setzen. Wir wollen alles perfekt machen, damit uns niemand kritisieren kann. Oder aber wir benutzen die Arbeit als Flucht vor der eigenen Wahrheit, der wir uns nicht stellen möchten, weil sie uns zu einer Änderung unseres Lebensstils zwingen würde.

Getrübt wird die Quelle, aus der wir arbeiten, durch unsere Lebensmuster. Da ist zum Beispiel eine Frau, die bei aller Tätigkeit immer von zwei Lebensmustern bestimmt wird: »Hoffentlich gibt es keinen Streit. Hoffentlich schaffe ich alles, was von mir erwartet wird.« Wenn ich von solchen Lebensmustern bestimmt werde, bin ich bald erschöpft und ausgebrannt. Ein Therapeut meint oft bei Priestern, die sich ausgebrannt fühlen: »Wer viel gibt, der braucht auch viel.« Wer viel gibt, weil er viel Zuwendung und Bestätigung braucht, der ist bald erschöpft. Wer gibt, weil er immer wieder empfängt, und weil er aus der inneren Quelle schöpft, der kann geben, ohne zu erschöpfen. Er wird in seinem Geben auch viel zurückbekommen. Aber er ist darauf nicht angewiesen. Daher kann er genießen, was er empfängt.

Ob jemand aus der Quelle des Heiligen Geistes oder aus den trüben Quellen seiner unbewussten Lebensmuster heraus arbeitet, das spürt man an der Ausstrahlung, die er mit seiner Arbeit verbreitet. Wenn einer aus der Quelle des Heiligen Geistes heraus arbeitet, dann hat er selbst Lust an der Arbeit, und er wird nicht so leicht erschöpft werden. Und um ihn herum wächst und gedeiht etwas. Die Arbeit fließt aus ihm heraus. Andere, die aus dem Lebensmuster ihres Perfektionismus oder ihres

Ehrgeizes heraus arbeiten, verbreiten mit ihrer Arbeit eine Atmosphäre von Aggressivität und Unzufriedenheit, von Härte und Bitterkeit.

Die Regel Benedikts zeigt uns Wege, wie wir mit unserer inneren Quelle in Berührung kommen, und wie wir aus dieser Quelle heraus arbeiten können. Dabei kennt auch Benedikt die Müdigkeit, die durch die Arbeit entsteht. Aber es ist nicht die Erschöpfung, die einen innerlich zerreißt. Es ist vielmehr eine Müdigkeit, die einem trotz allem inneren Frieden schenkt. Denn man spürt, dass letztlich Gott selbst einen in der Arbeit gefordert hat. Wenn Gott mich fordert und nicht mein krankes Lebensmuster, dann bin ich trotz äußerer Müdigkeit innerlich im Frieden.

Im Folgenden halten wir uns bewusst an die Regel Benedikts. Manche Anweisungen und Regeln mögen für den modernen Leser auf den ersten Blick fremd erscheinen. Ursprünglich hatten wir mit diesem Buch mehr die Ordensleute im Blick, die die Arbeit als Gegenteil zum Gebet und zur Meditation erlebten. In den Klöstern haben wir zwei Strömungen beobachtet: einmal die Forderung, weniger zu arbeiten, damit man mehr Zeit zum geistlichen Leben hätte. Aber die Erfahrung zeigte, dass die Ordensleute, die ihr Arbeitspensum wesentlich reduziert haben, dadurch nicht geistlicher geworden sind. Im Gegenteil – sie wurden eher narzisstisch. Sie kreisen um ihre Bedürfnisse und nicht um Gott, dem sie sich hingeben wollten. Die andere Tendenz besteht darin: die Arbeit ständig zu vermehren und sich hinter der Arbeit zu verstecken, so dass das geistliche Leben leidet. Es sind dann fromme Arbeitstiere, aber keine Mönche, die angetreten sind, wahrhaft Gott zu suchen. Es ist nicht selbstverständlich, dass die Ordensleute das richtige Gleichgewicht zwischen Gebet und Arbeit finden.

Die Erfahrung der Ordensleute scheint uns aber nicht allzu weit entfernt zu sein von dem, was heute viele erleben, die in modernen Firmen arbeiten. Auch in unserer Gesellschaft gibt es ja die beiden Tendenzen. Erstere: die Arbeitszeit immer mehr zu verringern und die Arbeitslast zu erhöhen. Doch die Reduzierung der Wochenarbeitszeit hat nicht automatisch zu einer besseren Lebensqualität geführt. Es entstand eine eigene Freizeitindustrie, die die nicht arbeitenden Menschen unterhält. Statt sich zu erholen, wird der Mensch zum zappelnden Nichtstuer. Die andere Tendenz unserer Zeit besteht im Zwang, immer mehr zu arbeiten. Selbständige Unternehmer und leitende Angestellte, Ärzte und Rechtsanwälte stöhnen unter der

Last einer Arbeit, mit der sie nie fertig werden. Sie möchten sich Zeit nehmen für Konzert und Theater, zum Wandern und Meditieren. Aber sie finden keinen Weg, die Arbeit zu reduzieren.

Im Folgenden werden keine Patentrezepte gegeben. Vielmehr suchen wir in der Regel Benedikts und in der Tradition des frühen Mönchtums nach den Wegen, wie sie die Spannung zwischen Arbeit und Gebet, zwischen Tun und Lassen, zwischen Handeln und Horchen auf kreative Weise gelebt haben. Dabei wird deutlich, dass unsere moderne Trennung zwischen den beiden Polen von Gebet und Arbeit bei Benedikt nicht zu finden ist. Bei Benedikt geht es darum, mitten im Alltag aus dem Gebet heraus zu leben und zu arbeiten. Beides, Gebet und Arbeit, möchten mich zu Gott führen, möchten mich herausfordern, mich in den Dienst Gottes zu stellen und mich Gott hinzugeben.

Was Benedikt mit seiner Formel *ora et labora – bete und arbeite* – wollte, hat in unserer Zeit der Münchner Psychotherapeut Albert Görres neu zur Sprache gebracht, indem er auf die Alltäglichkeit als den geistlichen Ort hingewiesen hat. Die Alltäglichkeit darf von geistlich suchenden Menschen nicht verlassen werden, sie muss vielmehr von Gebet und Meditation durchdrungen und verwandelt werden.[1] Auf diesem Weg könnte das benediktinische Leitmotiv des *ora et labora* eine Hilfe sein zu einem geistlichen Leben, das die Welt nicht hinter sich lassen muss, um zu Gott zu gelangen, sondern Gott in allen Dingen findet, oder um mit Benedikt zu sprechen, die das menschliche Leben gerade in seiner banalen Alltäglichkeit so gestaltet, »dass in allem Gott verherrlicht werde« (RB 57,9)[2].

I. Der Rhythmus von Gebet und Arbeit

Zum Stellenwert von Gebet und Arbeit

Wenn wir die Regel Benedikts durchlesen, so entdecken wir zahlreiche Anordnungen bezüglich Gebet und Arbeit. Gebet und Arbeit prägen den ganzen Tag. Dabei wird dem Gebet die eindeutige Vorrangstellung zugebilligt:

> *Dem Gottesdienst soll nichts vorgezogen werden.*
> RB 43,3

Die Gewichtigkeit dieses Grundsatzes erläutert Benedikt durch die Anordnung, wenn das Zeichen zum Gottesdienst ertönt, solle man sofort die Arbeit aus der Hand legen und zum Gottesdienst herbeikommen (RB 43,1). Trotzdem fordert Benedikt nicht ein Höchstmaß an Gebetspensum, sondern er legt ein vernünftiges Mittelmaß fest, verglichen mit früheren oder auch späteren Übertreibungen. Gebet ist für ihn das Wichtigste, aber nicht das Einzige.

Auch die Arbeit nimmt im Alltag der Mönche einen breiten Raum ein, rein zeitlich gesehen sogar einen breiteren Raum als Gebet und Lesung, die anderen Pole des geistlichen Lebens. Benedikt fordert von allen Mönchen, dass sie arbeiten. Er denkt dabei an verschiedene Formen von Arbeit: Dienstleistungen innerhalb der Gemeinschaft wie Küchendienst, Tischdienst, Pfortendienst, Krankenbetreuung, Verwaltung, Arbeit auf dem Feld, in den verschiedenen Werkstätten und auf dem Bau. Benedikt rechnet damit, dass die Arbeit manchmal so anwachsen kann, dass der Einzelne mit seiner Aufgabe nicht mehr fertig wird, dass er sich überfordert fühlt (RB 7,35f), oder dass die Arbeit auf dem Feld so beschwerlich wird, dass der Abt das Maß von Speise und Trank erhöhen muss, damit seine Mönche wieder zu Kräften kommen (RB 39,6). Alle sollen arbeiten, ja sogar hart arbeiten, doch niemand soll überfordert werden. Daher ist Benedikt darauf bedacht, zu große Belastungen für Einzelne zu vermeiden und jedem nötige Hilfen zu geben, damit niemand unzufrieden und deprimiert wird (RB 31,7; 53,18).

Die Arbeit ist für Benedikt so selbstverständlich, dass er sie sogar am Sonntag von denen fordert, die mit der Lesung nichts anfangen können. Er sieht offensichtlich kein Problem darin, dass der

Sonntag durch die Arbeit entheiligt werden könnte, oder dass die Arbeit die Mönche vom Gebet und von der Meditation abhalten würde. Gebet und Arbeit stehen bei ihm kaum in Widerstreit, sondern scheinen eine vernünftige Ergänzung zu sein. Zum geistlichen Leben eines Mönches gehört jedenfalls beides. Ja, Benedikt prüft die Novizen, ob sie zu beidem bereit sind, ob sie Eifer für den Gottesdienst haben und für harte Arbeit (RB 58,7). »Opprobria« heißt es an dieser Stelle der Regel. Das übersetzt man oft mit *Verdemütigungen* und meint, es seien künstliche Hindernisse, die man dem Novizen in den Weg legen soll, um ihn auf seine Demut zu testen. Doch offensichtlich ist hier die Bereitschaft zu harter Arbeit und zu niedrigen Diensten gemeint.[3]

Ob jemand wahrhaft Gott sucht, das erkennt Benedikt daran, dass er sich auch in der Arbeit fordern lässt. Ohne die Bereitschaft zur Arbeit wäre die Gottsuche nur ein narzisstisches Kreisen um sich selbst. Beide Pole sind für das geistliche Leben wichtig: Gebet und Arbeit. Mit dieser Auffassung steht Benedikt in einer langen Tradition monastischer Spiritualität.

Die Notwendigkeit der Arbeit für das geistliche Leben

Die ersten Mönche gingen um 250 n. Chr. in die Wüste, um unablässig zu beten und zu meditieren und sich ganz frei für Gott zu machen. In diesem Streben nach der ständigen Ruhe in Gott gab es auch Tendenzen, sich von der Arbeit zu dispensieren und nur dem Gebet zu obliegen. Doch diese Tendenzen werden von den erfahrenen Altvätern zurückgewiesen. Ein Väterspruch[4] zeugt nicht von dieser Auseinandersetzung:

》 *Man erzählte vom Altvater Johannes Kolobos, dass er einmal zu seinem älteren Bruder sagte: »Ich möchte sorglos sein, so wie die Engel sorglos sind, und nichts arbeiten, sondern ununterbrochen Gott dienen.« Und nachdem er das Gewand ausgezogen hatte, ging er in die Wüste hinaus. So verbrachte er eine Woche, dann kehrte er zu seinem Bruder zurück. Als er an die Tür klopfte, hörte der ihm zu, bevor er öffnete, und sagte: »Wer bist du?« Der aber sagte: »Ich bin Johannes, dein Bruder!« Und er antwortete ihm und sagte: »Johannes ist ein Engel geworden und ist nicht mehr unter den Menschen.« Der aber bat ihn und sprach: »Ich bin es.« Aber er öffnete ihm nicht und ließ ihn bis zum Morgen in der Bedrängnis. Später öffnete er ihm und sagte: »Du bist ein Mensch und hast es nötig, wieder zu arbeiten, um dich zu ernähren.« Da warf der sich ihm zu Füßen und sprach: »Verzeihe mir.«*

APOPHTHEGMATA 317

Verschiedene Gründe werden in der monastischen Literatur für die Notwendigkeit der Arbeit aufgeführt. Der erste ist der auch im zitierten Väterspruch genannte: die Arbeit ist notwendig für den eigenen Lebensunterhalt. Das ist nicht nur eine äußere Notwendigkeit, sondern hier erfährt der Mönch seine »condition humaine«, die Schwäche und Brüchigkeit seiner menschlichen Natur. Die harte Arbeit, im Schweiße seines Angesichtes sein Brot zu essen (vgl. Genesis 3,19), gehört wesentlich zum Menschen, und dem ist auch der Mönch nicht enthoben. Benedikt verweist hier auf das Beispiel der Apostel, die sich von der eigenen Hände Arbeit ernährten:

> *Denn erst dann sind sie wahre Mönche, wenn sie von der Arbeit ihrer Hände leben wie unsere Väter und die Apostel.*
>
> RB 48,8

Das Beispiel der Apostel ist für die Mönche Grund genug. Doch sie suchen auch nach Gründen für das Verhalten der Apostel. Cassian, der die Ideen des östlichen Mönchtums in die lateinische Welt des Westens übersetzt hat, beruft sich beispielsweise in der 24. Unterredung, in der er dieses Problem erörtert, auf den großen Antonius. Ohne Arbeit wären die Mönche angewiesen auf die Gaben von Wohltätern. Und dadurch machen sie sich innerlich von den Wohltätern abhängig. Das Ziel des Mönches, von irdischer Anhänglichkeit frei zu werden, würde durch diese Abhängigkeit von anderen nie erreicht. Antonius meint, die Abhängigkeit von den Wohltätern sei gerade deshalb so gefährlich, weil man sie gar nicht merke. Man meine, durch Gebet und Lesung nun ganz frei für Gott geworden zu sein, doch in Wirklichkeit komme man Gott keinen Schritt näher, da man die Welt nicht wirklich verlassen habe. Man sei im Herzen noch ganz weltlich, und so würde man in seiner Seele geschwächt. Antonius, der als Begründer des frühen Mönchtums gilt, zitiert zur Beschreibung dieses Zustandes Hosea 7,9:

> *Es verzehrten Fremde seine Stärke, und er wusste es nicht.*[5]

Ein weiterer Grund, warum die Mönche oft sehr hart arbeiteten, war die Erfüllung des Gebotes der Nächstenliebe. Mit dem Ergebnis ihrer Arbeit konnten sie anderen helfen. Rufinus beschreibt die sozial-caritative Tätigkeit der Mönche in seiner Mönchsgeschichte:

> *Zur Erntezeit erwarben diese Mönche viel durch ihrer Hände Arbeit und brachten den größten Teil ihres Verdienstes zu ihrem Meister, damit es für die Armen verwendet würde. Nicht nur dort, sondern in den meisten Klöstern Ägyptens herrschte die Sitte, dass sich die Mönche zur Erntezeit als Mäher verdingten und von ihrem Lohn, der etwas mehr oder weniger als 80 Scheffel Getreide auf den Kopf betrug, den größten Teil den Armen zur Verfügung stellten. Nicht nur die Eingeborenen der betreffenden Gegenden hatten daran ihren Teil, sondern sogar bis nach Alexandrien wurden beladene Getreideschiffe gelenkt, deren Inhalt den Gefangenen, Fremden und sonstwie Bedürftigen zugutekam. Oft hatte ganz Ägypten nicht genug Notleidende, um diese gewaltigen Spenden der Barmherzigkeit aufzuzehren.*[6]

Mag diese Beschreibung auch übertrieben sein, so zeigt sie doch, dass die Mönche durch ihre Arbeit anderen helfen und Gutes tun wollten. Die Arbeit ermöglichte ihnen, ihre Liebe zu den Menschen in konkrete Hilfen umzusetzen. Ihre Arbeit hatte einen Sinn. Sie war für andere Menschen da. Das ist eine wesentliche Funktion der Arbeit. Arbeit ist immer Dienst für andere. Das gilt nicht nur für die sogenannte Dienstleistung, sondern auch für die Produktion. Alles, was wir produzieren, soll dem Menschen dienen. Er will unser Produkt benutzen und sich darauf verlassen können.

Die Arbeit galt für die Mönche ferner als asketische Übung, die sie auf ihrem Weg zur Reinheit des Herzens genauso voranbrachte wie etwa Schweigen, Fasten und Beten. Der Weg zu Gott führt für die Mönche auch über Plage und Mühe, besonders aber über körperliche Anstrengung. So sagt Achilas in einem Väterspruch:

> *Vom Abend an bis jetzt habe ich zwanzig Orygien (das ist ein Längenmaß) geflochten und natürlich brauche ich die nicht. Aber damit Gott nicht unzufrieden ist und mir vorwirft und sagt: »Warum arbeitest du nicht, obwohl du arbeiten kannst?« Deshalb mühe ich mich ab und wende alle meine Kraft auf.*
> APOPHTHEGMATA 128

Achilas plagt sich, obwohl er es für seinen Lebensunterhalt nicht bräuchte. Doch er meint, Gott verlange von ihm Arbeit und Anstrengung; er solle die Kraft, die er von Gott erhalten habe, auch einsetzen und nutzen. Für uns mag das etwas merkwürdig klingen, weil wir eine unnütze Arbeit nicht einsehen. Aber es ist zu bedenken, dass es unter den Einsiedlern der Wüste oft nicht genug sinnvolle und notwendige Arbeit gab, die sie hätten tun können. Doch es war ihnen offensichtlich wichtig, auch den Körper hart einzusetzen und zu trainieren. Der Leib war ihnen ein wichtiger Partner auf dem geistlichen Weg. Heute hat für viele, die in ihrer Arbeit körperlich wenig gefordert werden, der Sport eine ähnliche Funktion.

In der anstrengenden Arbeit realisiert der Mönch nicht nur seine Möglichkeiten und entfaltet sie, bis er an seine Grenze stößt, die Anstrengung kann ihn vielmehr auch für Gott öffnen und ihn für die Erfahrung Gottes empfänglich machen. So versteht zum Beispiel Wilhelm von Saint-Thierry, ein Freund Bernhards von Clairvaux, die Arbeit. Gegenüber der Überbetonung von Gebet und Liturgie bei den Cluniacenser Mönchen hatte Bernhard besonderen Wert auf die Handarbeit gelegt. Wilhelm schreibt nun, die harte Arbeit auf dem Feld stehe nicht im Gegensatz zum Gebet, sondern sie bewahre dem Mönch gerade die Freude an geistlichen Studien und nähre sie. Und die körperliche Ermüdung durch die Feldarbeit erzeuge in ihm ein tieferes Gefühl der Frömmigkeit.[7] Das mag uns zunächst befremden, da wir meinen, die Erschöpfung durch die Arbeit trenne uns von Gott. Wir wären zu müde, um überhaupt noch einen Gedanken an Gott fassen oder gar beten zu können. Das muss jedoch nicht so sein. Erhart Kästner, der Athosmönche beobachtet, wie sie müde und verschlafen zur nächtlichen Liturgie kommen, schreibt in seinem Buch »Die Stundentrommel vom Heiligen Berg Athos«, in der Müdigkeit sei man aufnahmefähiger als sonst, bei gedrosselten Sinnen steige das Eigentliche herauf, Schwäche mache offener, und die Müdigkeit erzeuge »jenen Zustand großer Empfängnis, der nur das Wenige einlässt«.[8]

Auf eine ähnliche Erfahrung spielte auch ein bekannter Meditationsmeister an, der am Ende einer langen Meditationswoche feststellte, dass die Teilnehmer müde geworden waren, und sie dann mit den Worten zum Durchhalten ermunterte:

  Der Feind ist jetzt auch müde!

Die Widerstände im Menschen und alles, was eine tiefere Erfahrung verhindert, wird allmählich auch schwächer, und so steigt auch die Chance eines inneren positiven Durchbruchs.

Für die alten Mönche jedenfalls gehörte die Anstrengung bei der Arbeit wesentlich zu ihrem geistlichen Weg. Altvater Apollo konnte von der Arbeit sagen:

> *Mit Christus muss ich heute für meine Seele arbeiten. Denn dieser ist ihr Lohn.*
> APOPHTHEGMATA 149

Die äußere Arbeit ist für ihn zugleich Seelenarbeit, Arbeit am inneren Menschen. Die Anstrengung in der Arbeit bereitet auch die Seele für Gott. Wenn es vom Asketen Jonas heißt: »Was körperliche Erholung sei, das wusste er nicht, da er freiwillig und gar eifrig arbeitete«[9], dann kann man sich nicht vorstellen, er sei immer hellwach gewesen. Und wenn man von den vielen Nachtwachen der Mönche nach all der täglichen Arbeit liest, so ist es auch kaum möglich, dass sie keine Müdigkeit gespürt hätten. Die Müdigkeit war offensichtlich ein Element ihrer Askese, die sie offener für Gott machen sollte.

In der anstrengenden Arbeit erfährt der Mönch Gott als einen, der ihn beanspruchen kann bis in seinen Leib hinein, ja bis hin zur Erschöpfung und Ermüdung. Gott zeigt sich darin als sein Herr, der über seinen Knecht verfügen kann, der ihn aufreiben kann. Die Grenze, an die der Mönch in einer harten und anstrengenden Arbeit stößt, kann für Benedikt Gott selbst sein. Im 7. Kapitel schreibt er, dass der Mönch vor widrigen Dingen und vor einer überfordernden Arbeit nicht davonlaufen, sondern standhalten, aushalten (sustinere) solle. Dabei soll er sich vorsagen:

> *Confortetur cor tuum et sustine Dominum — dein Herz sei stark und ertrage den Herrn.*
> RB 7,35

Er gerät also in der Erschöpfung durch die harte Arbeit an den Herrn selbst und soll ihn aushalten. Die Grenze, an die er in der Arbeit stößt, kann für ihn zum Einfallstor Gottes werden. Sie kann ihn aber auch in Traurigkeit stürzen und so von Gott trennen. Daher ist Benedikt darauf bedacht, die Arbeit nicht zu übertreiben und jedem die nötigen Hilfen zu geben, damit keiner traurig und missmutig arbeite und so überfordert werde.

In dieser Spannung zeigt sich Benedikts Weisheit. Der Mönch muss an seine Grenze stoßen und darin für Gott aufgebrochen werden, aber er darf nicht ständig an seiner Grenze leben, weil der Bogen sonst überspannt wird und zerbricht. Die Müdigkeit und Erschöpfung, die Benedikt hier im Auge hat, entspricht nicht dem, was man heute »Burnout-Syndrom« nennt. Ausgebrannt ist der, dem auch jede Motivation für sein Leben abhanden gekommen ist. Es ist eine Erschöpfung, die in die Unruhe führt. Die Müdigkeit, von der die Mönche sprechen, öffnet für Gott und macht die Seele still. Wenn wir heute von Erschöpfung sprechen, dann meinen wir auch eine seelische Erschöpfung. Der Mensch hat nichts mehr, woraus er schöpfen kann.

Auf eine weitere positive Funktion der Arbeit für das geistliche Leben stoßen wir, wenn wir Benedikts Arbeitsbegründung näher untersuchen. Benedikt schreibt zu Beginn des 48. Kapitels:

> *Müßiggang ist ein Feind der Seele. Deshalb sollen sich die Brüder beschäftigen: zu bestimmten Zeiten mit Handarbeit, zu bestimmten andern Stunden mit heiliger Lesung.*
>
> RB 48,1

Während das Buch der Weisheit den Müßiggang immer wieder als Ursache materieller Armut anprangert, betrachtet ihn Benedikt unter einem spirituellen und psychologischen Gesichtspunkt. Der

Müßiggang schadet der Seele, dem psychischen Gleichgewicht. Der Mönch soll immer mit etwas beschäftigt sein, entweder mit Arbeit oder mit Gebet und Lesung. Eine völlig freie Zeit wäre schädlich. Denn da würden die Gedanken umherschweifen. In die Leere würden unnütze Gedanken einfallen. Der Mönch wäre zerstreut, zügellos, innerlich unruhig. Er hätte zu nichts rechte Lust. Vor allem aber wäre er ohne Bezugspunkt, auf den er sich konzentrieren, oder besser ohne Bezugsperson, auf die er sich einlassen müsste. Und diese Bezugslosigkeit ist gefährlich. So meint Petrus von Celle:

> *Immer möge dich der Teufel beschäftigt antreffen. Der unreine Geist betritt das Haus nicht, außer er fände es leer.*[10]

Die Arbeit hat für Benedikt die Funktion, den Mönch zu binden, sie führt ihn aus der Unruhe heraus in die Sammlung und schützt ihn so vor unnützen Gedanken und vor einer Leere, die immer dann entsteht, wenn man auf nichts mehr bezogen ist. Cassian beschreibt diese positive Funktion der Arbeit bei den Mönchen in der ägyptischen Wüste:

> *Dadurch nämlich, dass sie die Körper- und Geisteskräfte zugleich üben, gleichen sie die Pflichten des äußeren Menschen mit den Anstrengungen des*

inneren in der Weise aus, dass sie an die flüchtigen Regungen des Herzens und das unstete Schwanken der Gedanken das Gewicht der Arbeiten wie einen starken und unbeweglichen Anker legen: an diesen heften sie das zerstreute und unstete Herz und vermögen so dasselbe hinter den Riegel der Zelle wie im sichersten Hafen eingeschlossen zu halten. Und so nur auf die geistige Betrachtung und die Bewachung der Gedanken gerichtet verhütet dieser Anker nicht nur, dass der wachsame Geist in eine böse Einflüsterung willige, sondern bewahrt ihn auch vor allen überflüssigen und müßigen Gedanken, und man kann nicht leicht entscheiden, woran er befestigt ist, das heißt ob die Mönche wegen der geistlichen Betrachtung unablässig Handarbeit verrichten, oder ob sie wegen fortwährender Arbeit einen so herrlichen Fortschritt des Geistes und das Licht der Erkenntnis erwerben.[11]

Die Bindung an die Arbeit ist für Cassian kein Gegensatz zur Bindung an Gott, sondern eine Hilfe, seinen Geist in Gott zu sammeln. Die Arbeit kann einen innerlich wachsam machen. Die Mönche haben in diesem Zusammenhang eine Übung entwickelt, die sogenannte »nepsis«, eine Wachsamkeit, in der sie alle Gedanken, die bei der Arbeit aufsteigen, wahrnehmen, beobachten und ihnen auf den Grund gehen. Wenn ich in dieser inneren Wachsamkeit arbeite, dann wird die Arbeit für mich zu einer Chance tieferer Selbsterkenntnis. Denn bei der Arbeit tauchen viele Gedanken und Gefühle auf, die Wesentliches über mein Inneres aussagen. Ohne Arbeit würde ich auf viele Regungen des Herzens gar nicht stoßen. Die Arbeit mit ihren Erfolgen und Misserfolgen, mit ihren Anforderungen und Härten löst in mir ständig Reaktionen aus. Wenn ich in der *nepsis* diese Reaktionen wahrnehme, dann lerne ich mich selbst immer besser kennen.

Im heutigen Makariuskloster in der ägyptischen Wüste, in das heute viele intellektuelle junge Menschen eintreten, ist dieses monastische Verständnis von Arbeit noch lebendig. Der geistliche Vater wählt die Arbeit für die Mönche unter einem geistlichen Gesichtspunkt aus. Er weist jedem eine Arbeit zu, die gerade seine Fehler und Schwächen aufzuspüren und sie zu heilen vermag:

》 *Mit aufmerksamem Blick überschaut der geistliche Vater alle Arbeiten. Er hat große Erfahrung in den verschiedenen Berufszweigen und in der Leitung unserer Arbeiter. Immer wieder gibt er Ratschläge und Anweisungen, was zu tun ist; indem er zunächst nur Fehler im Verhalten bei der Arbeit korrigiert, deckt er schließlich auch Fehler der Seele auf. Das tägliche Leben wird auf diese Weise für den Mönch zur unersetzbaren Gelegenheit, sich zu formen, Fortschritte zu machen und in die Praxis umzusetzen, was man an geistlichen Prinzipien gelernt hat. Man lernt, gewissenhaft auf seine Fehler zu achten und sich zu bessern. Der geistliche Vater wählt die Arbeit aus, oft eine zermürbende Arbeit, um dadurch die Schwächen der Seele aufzuspüren und sie psychisch und geistlich zu heilen. Trotzdem meinen wir nicht, die Arbeit an sich und ihr Gelingen interessiere den geistlichen Vater überhaupt nicht; nur gilt sein eigentliches Interesse immer der Integrität der Seele, ihrem Wachsen und Reifen.*[12]

Abba Poimen nennt die Arbeit einmal eine Unterweisung und Lesung.[13] Sie unterweist uns in der Selbsterkenntnis. Die Arbeit deckt uns auf, wo unsere Fehler liegen, unsere Schwächen, unsere Grenzen. Während der Arbeit können wir in unserem eigenen Herzen lesen, was da auftaucht an Gedanken und Gefühlen, an Ärger und Groll, an Selbstüberschätzung, an Ängsten, an Fluchtversuchen, an Feigheit und an Unehrlichkeit. So loten wir in der Arbeit unser eigenes Herz mit seinen Höhen und Tiefen aus und erkennen uns, wie wir vor Gott letztlich sind.

Und noch eine letzte Funktion hat die Arbeit für das geistliche Leben: Sie ist ein Test auf seine Echtheit hin. Ohne Arbeit könnte das Gebet ein frommes Kreisen um sich selbst werden. Man genießt seine religiösen Gefühle, bleibt aber bei sich selbst stehen und begegnet nicht wirklich Gott, sondern nur seinen eigenen Phantasiebildern. Die Fähigkeit, effektiv zu arbeiten, ist ein Zeichen, ob die frommen Gefühle und religiösen Bilder stimmen und gesund sind. Johnston berichtet von einer psychologischen Untersuchung von Wapnick, in der die Erfahrungen der hl. Teresa von Ávila mit denen einer Schizophrenen verglichen werden. Die Erfahrungen haben große Ähnlichkeit hinsichtlich der Bilder des Unbewussten. Doch ein einschneidender Unterschied besteht. Die Schizophrenie zieht sich in ihre eigene innere Welt zurück, sie bleibt dem Leben des Alltags vollkommen unangepasst, »während die hl. Teresa ihre inneren Erfahrungen mit ihrem Alltag in Übereinstimmung brachte. Sie führte ein glückliches Leben in einer Gemeinschaft mit anderen Menschen und bewältigte erfolgreich ein ansehnliches Arbeitspensum.«[14] Johnston sieht in der psychologischen Studie »die Bestätigung einer jahrhundertealten Lehre, die in der täglichen Lebensbewältigung den sichersten Prüfstein sieht, um den Mystiker von dem Neurotiker zu unterscheiden«.[15]

Die Fähigkeit, gut zu arbeiten, ist für die Mönche ein Test, ob das geistliche Leben gesund und das Beten echt ist. Für den Altvater Antonios ist sogar die Arbeitskraft ein Zeichen der geistlichen Kraft und Reife. So wird in einem Väterspruch erzählt, wie Antonius und Makarius die ganze Nacht in geistlichen Gesprächen verbringen. Beide flechten dabei Seile. Makarius arbeitet schneller. Sein Seil geht schon durch die Türe hinaus. Als Antonius die Länge des Seiles sieht, sagt er:

> *Viel Kraft geht von diesen Händen aus.*
> APOPHTHEGMATA 457

Damit meint er mehr als die körperliche Kraft. Die Fähigkeit, hart und schnell zu arbeiten, zeugt für ihn von der spirituellen Kraft des Makarius. Die Alten trennen Gebet und Arbeit nicht. Beides ist für sie eine Einheit, beides für das geistliche Leben wichtig. Von diesem monastischen Verständnis der Arbeit zeugt auch eine Stelle aus der Regel von Taizé:

> *Damit dein Gebet wahrhaftig sei, musst du in harter Arbeit stehen. Begnügtest du dich mit dilettantischer Lässigkeit, so wärest du unfähig, wirklich Fürbitte zu tun. Dein Gebet findet zur Ganzheit, wenn es eins ist mit deiner Arbeit.*[16]

Der Wechsel von Gebet und Arbeit

Die Mönche halten einen sinnvollen Wechsel und ein ausgewogenes Maß von Gebet und Arbeit für den gesunden Weg zu Gott. Dieser Weg schützt uns vor Übertreibungen und vor Exzessen. Beide Pole gehören zum Menschen: die Extraversion in der Arbeit und die Introversion im Gebet. Nur wenn beide im richtigen Verhältnis zueinander stehen, bleibt der Mensch gesund. Der sinnvolle Wechsel von Gebet und Arbeit wird dem Antonios in einer Vision als der Weg zum Heil aufgezeigt:

>> *Der heilige Abbas Antonios wohnte einst in der Wüste und geriet in Überdruss und große Düsternis der Gedanken. Und er sprach zu Gott: »Herr, ich will gerettet werden, aber die Gedanken lassen mich nicht. Was soll ich in meiner Bedrängnis tun? Wie werde ich gerettet?« Und er ging ein wenig nach draußen. Da sah Antonios einen wie sich selbst sitzen und arbeiten, dann stand der von der Arbeit auf und betete, dann setzte der sich (wieder) und flocht am Seil. Hernach stand der wieder zum Gebet auf. Das aber war ein Engel des Herrn, gesandt zur Aufrichtung und Stärkung des Antonios. Und er hörte den Engel sprechen: »Tu so, und du wirst gerettet.« Der aber hörte*

das, erlangte große Freude und Mut. Und als er so tat, wurde er gerettet.

APOPHTHEGMATA 1

Der Bogen des menschlichen Geistes darf nicht überspannt werden. Man kann sich nicht nur mit geistlichen Dingen beschäftigen. Das überfordert uns und führt uns oft in Traurigkeit oder Trockenheit. Wir sollen so leben, wie Gott es uns zugedacht hat – das bedeutet, dass wir Leib und Geist gleichermaßen betätigen, dass wir Gott und die Welt ernst nehmen, dass wir die wohltuende Abwechslung von Gebet und Arbeit als Weg annehmen, den Gott selbst uns zum Heil geschenkt hat.

Die Einsicht des Antonios wird bei Benedikt in eine sinnvolle Tagesordnung umgesetzt, in der der Arbeit und dem Gebet die passenden Zeiten zugewiesen werden. In der Einteilung der Stunden für Arbeit und Gebet geht Benedikt vom Rhythmus des menschlichen Lebens aus. Dabei erweist er sich gegenüber der Tradition als erstaunlich beweglich. So lässt er zum Beispiel die Gebetszeiten zur dritten, sechsten und neunten Stunde etwas verschieben, damit eine sinnvolle Arbeitszeit entstehen kann. Das wäre bei früheren Vätern undenkbar gewesen. Für Benedikt ist aber eine sinnvolle Einteilung der Arbeitszeit wichtiger als eine abstrakte Einhaltung heiliger Stunden.[17] Entscheidend ist für ihn, dass der Tag in einem gesunden, dem Menschen förderlichen Rhythmus von Gebet, Arbeit und Lesung ablaufen kann. Die gesunde Ordnung wird auch den Menschen innerlich und äußerlich gesund erhalten. Und eine klare und allgemein verbindliche Tagesordnung garantiert ebenso allen Mitgliedern der Gemeinschaft die nötige Zeit für Gebet und Arbeit und genügend Schlaf.

Viele Menschen klagen heute darüber, dass sie nicht genug oder überhaupt keine Zeit zum Beten haben, weil sie mit Arbeit überlastet sind. Doch man könnte sich einmal fragen, ob der Mangel an Zeit für das geistliche Leben vielleicht damit zu tun hat, dass man die Arbeit für wichtiger hält als das Gebet, oder dass man sich gar in die Arbeit flüchtet, um der inneren Leere – auch im Gebet – zu entfliehen. Es ist oft gar nicht so einfach festzustellen, ob es sich bei einer Überlast an Arbeit um eine wirklich notwendige und unausweichliche Arbeit handelt, oder ob diese Arbeit ein willkommenes Alibi bildet. Äbtissin Judith Frei gibt zur Klärung dieser Frage einen guten Hinweis:

》 *Ob es sich um eine Flucht in die Arbeit oder um eine objektiv notwendige Arbeit handelt, kann der Einzelne feststellen, wenn er sich ehrlich fragt, ob er die Einschränkung der Zeit für das geistliche Leben als echten Verzicht empfindet oder ob er sich ehrlich eingestehen muss, dass das Opfer und die Sehnsucht nicht allzu groß sind.*[18]

Die endgültige Klarheit über diese Frage wird dann möglich sein, wenn ich wirklich einmal Zeit habe. Was tue ich dann? Drängt es mich dann sofort zu Gebet und Meditation oder haben erst noch viele andere Dinge Vorrang? Oder: Wie viel Zeit für Gebet und Meditation habe ich im Urlaub? Zeit haben für das Gebet hängt zweifellos zu einem guten Teil davon ab, ob ich wirklich Zeit dafür haben *will*.

Trotzdem darf nicht übersehen werden, dass viele Menschen tatsächlich von einem geradezu erdrückenden Arbeitspensum belastet sind. Wenn ich nun aber trotzdem das Gebet ernst nehmen will, so ernst wie die Arbeit, dann gibt es nur den einen Weg, dass ich in meinem Tagesplan feste Zeiten für das Gebet einplane. Wie ich wichtige Arbeiten nicht dem Zufall überlassen will, sondern feste Zeiten und Termine festlege, so muss ich auch für das Gebet feste Stunden nehmen, um das Beten nicht den Zufällen zu überlassen. Henri Nouwen, der bekannte holländische Theologe und Psychologe, der sich sieben Monate in ein Trappistenkloster zurückgezogen hat, um mit seinem Leben besser zurechtzukommen, hat dieses Problem ausführlich mit dem Abt John Eudes besprochen. Er fragte den Abt:

》 *Wie kann ich ein wirklich tiefes Gebetsleben entfalten, wenn ich wieder in der Betriebsamkeit meiner Arbeit stecke? Ich habe die Neigung, kleine und große Aufgaben so schnell wie möglich zu erledigen, und solange ich mich von unerledigten Aufgaben umgeben sehe, ist mir das Beten fast gar nicht möglich; denn ich benutze dann die Zeit für das Gebet dazu, über die vielen Dinge nachzudenken, die ich noch zu erledigen habe. Ich habe dann immer den Eindruck, es gebe vorerst eiligere und wichtigere Dinge als das Gebet.*

John Eudes' Antwort war klar und einfach:

》 *Die einzige Lösung besteht darin, dass Sie Ihrem Gebet eine feste Ordnung geben, die Sie niemals ohne Rücksprache mit Ihrem geistlichen Führer umstoßen. Setzen Sie eine vernünftige Zeit fest, und wenn Sie sie einmal festgesetzt haben, halten Sie sich um jeden Preis daran. Machen Sie das zu Ihrer wichtigsten Aufgabe ... Wenn Sie treu bleiben, werden Sie langsam entdecken, dass es nutzlos ist, in dieser Zeit über Ihre vielen Probleme nachzudenken, weil Sie sie ohnehin in dieser Zeit nicht anpacken. Dann beginnen Sie während dieser freien*

Stunden zu sich selbst zu sagen: »Da ich jetzt nichts zu tun habe, kann ich genauso gut beten.« ... Wenn Sie sich treu daran halten, werden Sie allmählich eine tiefere Erfahrung Ihrer selbst machen. Denn in dieser nutzlosen Stunde, in der Sie nichts »Wichtiges« oder »Dringendes« tun, müssen Sie sich mit Ihrer grundlegenden Ohnmacht auseinandersetzen, und Sie müssen Ihre fundamentale Unfähigkeit erfahren, Ihre und anderer Leute Probleme zu lösen oder die Welt zu verändern. Wenn Sie dieser Erfahrung nicht ausweichen, sondern sie durchleben, werden Sie nach und nach einsehen, dass Ihre vielen Vorhaben, Pläne und Verpflichtungen gar nicht so dringend, entscheidend und wichtig sind, wie Sie gemeint hatten, und sie werden ihre Macht über Sie verlieren. Sie belästigen Sie während Ihrer Zeit mit Gott nicht mehr und nehmen den ihnen angemessenen Platz in Ihrem Leben ein.[19]

Es wird nicht leicht sein, eine derartige Ordnung zu finden. Es wird nicht leicht sein, derartige Festlegungen über längere Zeiten durchzuhalten. Aber wer sein Leben unter das Leitwort »bete und arbeite« stellen will, wird nicht daran vorbeikommen, in seinem Tagesablauf entsprechende Zeiten einzuplanen und auch insgesamt einen Lebensstil zu entwickeln, in dem nicht nur solide Arbeit, sondern auch gesundes Beten gedeihen kann.

II. Das Ineinander von Gebet und Arbeit

Die Gebetshaltung bei der Arbeit

Leben in der Gegenwart Gottes

Der regelmäßige Wechsel von Gebet und Arbeit bringt in das Leben des Mönches äußerlich und innerlich ein gesundes Gleichgewicht. Gebet und Arbeit dürfen sich aber nicht nur in gleichbleibendem Rhythmus abwechseln, sondern sie müssen sich auch gegenseitig durchdringen und befruchten. Je mehr die Arbeit überhandzunehmen und die Zeit für das Beten einzuschränken droht, desto wichtiger wird es, dass Gebet und Gebetshaltung auch in den Bereichen der Arbeit lebendig werden und zum Tragen kommen. Ein erster übergreifender Aspekt ist das Leben in der Gegenwart Gottes.

> *Wir glauben, dass Gott überall gegenwärtig ist und dass die Augen des Herrn an jedem Ort die Guten und die Bösen beobachten. Doch wollen wir das in besonderer Weise glauben, und zwar*

ohne irgendwie zu zweifeln, wenn wir beim Gottesdienst stehen.

RB 19,1f

Der Gottesdienst ist der bevorzugte Ort der Gegenwart Gottes, aber seine Gegenwart dehnt sich auf alle Orte und alle Bereiche des Lebens aus; auch in der Arbeit ist Gott gegenwärtig, und es gehört sogar zu den »Werkzeugen«, mit denen der Mönch sein Leben gestalten soll, dass er sich stets bewusst ist, unter dem Angesicht Gottes zu leben (vgl. RB 4,49).

In einem Bildband von Thomas Merton über das Mönchsleben findet sich dazu eine eindrucksvolle Illustration: Man schaut vom Kirchturm herunter in den großen Garten eines Klosters, in dem ein Mönch klein und einsam arbeitet. Dabei steht der Text aus dem 4. Kapitel der Benediktsregel:

》 *Untrüglich glauben, dass uns Gott allerorten sieht.*[20]

Es gibt für den Mönch keine gottverlassenen Winkel, und nirgendwo steht er auf verlorenem Posten. Jede seiner Einsamkeiten ist im Grunde eine Zweisamkeit, die ihm Vertrauen und Frieden schenkt. Diese Gegenwart des Herrn verhilft dem Mönch zu friedvoller Gelassenheit in seiner Arbeit.

Der Mönch weiß sich in der Nähe seines Gottes geborgen, die ihn beständig umfängt und sogar all seinem Tun und Sorgen vorausgeht. Im Anschluss an ein Wort des Propheten Jesaja lässt Benedikt deshalb den Herrn sprechen:

> *Noch bevor ihr mich anruft, will ich euch sagen: Hier bin ich!*
> RB PROLOG, 18

Ein moderner Autor beschreibt diese aufmerksame Gegenwart Gottes, die allem menschlichen Bemühen vorausgeht, in einem eindrucksvollen Bild:

> *Hat der verlorene Sohn nicht eines Tages gedacht, dass sein Vater auf ihn warten und auf seinen Turm steigen würde, um den Weg zu suchen, auf dem sein Sohn zurückkäme? Du machst dich ans Beten, sagst du. Aber schon wartet der Vater auf dich und sieht dich kommen. Wenn er dich riefe, wie ein menschlicher Vater im Voraus ruft, fehlte es ihm an Väterlichkeit: denn der Vater verharrt im Schweigen, während der Sohn sein Leben führt; aber wenn der Sohn den Kopf hebt und seinen Vater sucht, da begegnet er sogleich seinen Augen, Augen, die ihn schon im Blick hatten.*[21]

Der Mensch mag seinen Gott vergessen, er mag ihm in einem sündigen Leben davonlaufen: der gütige Blick des Vaters begleitet ihn; er braucht nur den Blick zu heben – und schaut direkt in das Antlitz des Vaters.

Und ein anderer Autor, ein »Kleiner Bruder von Charles de Foucauld«, schreibt einer Ordensfrau, die im Trubel ihrer Schule ständig ihren Gott zu verlieren glaubt, dass diese Angst völlig unbegründet sei:

> *Christus verlässt Sie nicht einen Augenblick, folglich verlassen auch Sie ihn nicht einen Augenblick. Was Sie auch tun, er ist in Ihnen. Machen Sie keinen Unterschied mehr zwischen den Augenblicken, wo Sie im Gebet bei Christus weilen, und jenen, wo Sie weniger nahe bei ihm sind. Sie sind ständig bei ihm, und er ist bei Ihnen, bald im Gebet, dann in der Tätigkeit, dann wieder im Gebet. Aber verlassen können Sie ihn nicht, und auch er verlässt Sie nicht.*[22]

Die Gegenwart Gottes hängt nicht vom Wollen des Menschen ab, sondern von Gott selbst, und der ist immer da. Das ist eine Tatsache, eine Grundtatsache des Glaubens überhaupt und ein ständiges Angebot an den Menschen. Und gerade dort, wo jemand kaum Zeit zum ausdrücklichen Beten findet, kann das schlichte Aufmerken, die einfache Erinnerung an den gegenwärtigen Gott eine entscheidende Hilfe sein, dass Glaube und Gebet mitten in der Arbeit zum Tragen kommen. Das erfordert nicht viel Kraft und Zeit, nur den Willen zu geduldiger Übung.

Das Leben in der Gegenwart Gottes darf aber nicht als fromme Idylle aufgefasst werden, so als ob der Mönch unter dem Angesicht Gottes in einer Art paradiesischem Zustand leben würde. Genau das Gegenteil kann der Fall sein: Wenn der Mönch bei seiner Arbeit schweigend allein ist, kann auch das Böse in ihm aufsteigen. »Als er allein war, war auch der Versucher da«[23], heißt es in der Lebensbeschreibung des hl. Benedikt. Damit wird eine ganz allgemeine Erfahrung ausgedrückt, dass nämlich am Ort der Gegenwart Gottes auch der Widersacher auftaucht. Das Herz des Mönches wird so zum Kampfplatz, zum Ort der Entscheidung zwischen Gut und Böse, zwischen Gott und Teufel. Dabei geht es hier nicht nur um die Gedanken, die ohne äußere Arbeit – vor allem in einsamen Stunden – im Herzen aufsteigen, sondern auch um die bösen Gedanken und Stimmungen, die durch Misserfolg, Überforderung, andere Mitmenschen und vieles andere mehr entstehen.

In der Beschreibung der ersten Stufe der Demut geht Benedikt ausführlich auf dieses Thema ein. Er präzisiert seine Hinweise auf die Allgegenwart Gottes dahin, dass Gott auch in den geheimsten Gedanken des Menschen gegenwärtig ist, und dass ihm nicht der geringste Gedanke und nicht die leiseste Regung des Herzens entgeht. Benedikt wird nicht müde, eine lange Reihe von Schriftzitaten anzuführen, um zu verdeutlichen, dass Gott an jedem Ort und zu jeder Zeit *auf* den Menschen schaut und ihn bis ins Letzte auch *durch*schaut.

Ein moderner Leser dieser Beschreibung der ersten Stufe der Demut mag etwas seltsam berührt sein. Es klingt so sehr nach Drohung, als ob der allwissende Gott vor allem die Fehler – auch die kleinsten – streng notieren würde. Dabei ist zu bedenken, dass es sich bei der ersten Stufe der Demut um den ersten Schritt auf dem Weg der geistlichen Entwicklung handelt. Und wer diesen Weg gehen will, muss sich sagen lassen, dass er diesen Weg nicht äußerlich und halbherzig gehen kann; von vornherein wird er zu Eindeutigkeit und Klarheit gezwungen. Sein Meister schaut bis in die innersten Winkel der Seele, und schon dort, wo die Gedanken und Regungen des Herzens ihren Anfang nehmen, muss er zwischen Gut und Böse wählen. So wird die Gegenwart Gottes zu einer richtigen Gegenwart, zu einer

Gegenwart, die schon in den feinsten Regungen des Herzens auf Entscheidung drängt.

Besteht aber nicht trotzdem die Gefahr, dass Angst vor dem gegenwärtigen Gott entsteht, und dass böse Gedanken und Regungen in ungesunder Weise unterdrückt und verdrängt werden? Die Gefahr besteht, aber es muss nicht so sein. Gerade weil auch das Innerste des Herzens nackt und bloß dem Blick Gottes ausgesetzt ist, kann und braucht nichts verdrängt zu werden. Es gibt keinen Ort, wohin das Böse vor dem Angesicht Gottes versteckt werden könnte. Benedikt fordert eher zum Gegenteil auf. Schon im Vorwort zur Regel führt er aus, dass nur der auf dem heiligen Berg und im Zelte des Herrn wohnen darf,

> *der den arglistigen Teufel [...] und seine Gedanken gleich beim Entstehen packt und sie an Christus zerschmettert.*
> RB PROLOG 28

Der gleiche Gedanke wird nochmals im 4. Kapitel als Werkzeug der geistlichen Kunst wiederholt:

> *Die bösen Gedanken, die im Herzen aufsteigen, sofort an Christus zerschmettern und dem geistlichen Vater offenbaren.*
> RB 4,50

In Übereinstimmung mit der geistlichen Tradition des frühen Mönchtums fordert Benedikt, dass böse Gedanken dem geistlichen Vater mitgeteilt werden sollten. Es handelt sich dabei nicht um Sünden, die gebeichtet werden, sondern einfach um böse Gedanken und Wünsche, die im Herzen aufsteigen. Gerade um zu vermeiden, dass der böse Impuls eine böse Entscheidung und Tat nach sich zieht, wird der Mönch aufgefordert, den bösen Gedanken nicht im Herzen zu behalten, sondern ihn zu offenbaren. Dadurch wird dem bösen Gedanken die Kraft genommen, und die Erfahrung des geistlichen Vaters kann dem Mönch helfen, die Regungen seines Herzens besser zu verstehen und besser damit umzugehen. Im alten Mönchtum war man sich dessen bewusst, dass man mit dem Bösen leichter fertig wird, wenn man es herauslässt und offenbart, als wenn man es im Herzen verschließt, nicht wahrhaben will und verdrängt. Es wird geradezu als Werk des Teufels bezeichnet, wenn einer seine bösen Regungen im Herzen verschließt, statt sie offenzulegen.[24]

Was bedeutet nun aber die zweimalige Aufforderung, man möge die bösen Gedanken packen und an Christus zerschmettern? Bezeichnend ist, dass dem zweiten Zitat unmittelbar der bereits zitierte Text vorausgeht:

> *Für gewiss halten, dass Gott an jedem Ort auf einen sieht.*

RB 4,49

Die beständige Gegenwart Gottes bietet die Voraussetzung, dass böse Gedanken sofort an Christus zerschmettert werden können. Wie kommt es aber zu diesem Bild? Benedikt hat hier einen Gedanken aufgegriffen, der schon eine lange Vätertradition hinter sich hat.[25] Ausgangspunkt ist ein Fluch auf Babylon im Psalm 137,9, wo jener selig gepriesen wird, der die kleinen Kinder der Babylonier packt und an einem Felsen zerschmettert. In der allegorischen Deutung der Väter werden diese »parvuli Babylonis«, diese kleinen Kinder Babels auf die bösen Gedanken hin interpretiert, die eben erst entstanden und im Wachsen begriffen sind. Im Anschluss an 1 Korinther 10,4 sieht man in dem Felsen Christus, an dem dann die bösen Gedanken zerschmettert werden.

Was heißt das nun aber für den Mönch in der Versuchung? Er versteckt und verdrängt seine bösen Gedanken nicht vor dem Angesicht seines Gottes, sondern er wirft sie ihm hin. Wie er sie vor seinem geistlichen Vater ausspricht, so spricht er sie vor seinem Gott aus. Aber damit kommen wir bereits zum nächsten Punkt.

Beten bei der Arbeit

Die »natürlichste« und geradezu »selbstverständliche« Form des Betens bei der Arbeit ist das spontane Aussprechen der Gedanken und Gefühle vor dem gegenwärtigen Gott, dem Gefährten bei der Arbeit. Wenn dieser schon gegenwärtig ist, und wenn er schon die geheimsten Regungen des Herzens wahrnimmt, so ist es eben fast »natürlich«, ihm diese Gedanken und Gefühle auch ausdrücklich hinzuhalten. Und so spricht der Mönch dann seinen Missmut, seinen Zorn, seinen Neid, seine Enttäuschung, die Regungen seiner Leidenschaft vor seinem Gott aus. Er gibt damit auch seine Schwäche und die Dunkelheit seines Herzens vor seinem Gott zu.

Man kann nun allerdings die Frage stellen, ob es sich hier nicht um recht komplizierte innere Vorgänge handelt, und wie man ausgerechnet während der Arbeit dazu Gelegenheit haben sollte. Dazu ist zu bedenken, dass die Arbeit im frühen Mönchtum vor allem einfache Handarbeit war, die dem Geist viel Raum für eigene Beschäftigung gab. Heutige Formen der Arbeit – auch in den Klöstern – erfordern oft ein hohes Maß an geistiger Anstrengung und Aufmerksamkeit, so dass eine derart intensive geistige »Nebentätigkeit« unmöglich erscheint.

Und trotzdem ist es erstaunlich, wie viel Zeit und Kraft oft auch an einem anstrengenden Arbeitstag bleiben, um unnötigen und schädlichen Gedanken nachzuhängen, dem Zorn über einen Mitmenschen bzw. Mitarbeiter innerlich und äußerlich freien Lauf zu lassen, depressiven Stimmungen wegen eines Misserfolges Raum zu geben oder sich in allerlei Phantasien zu verlieren. Es ginge nun einfach darum, den entsprechenden Aufwand an Zeit und Kraft auf die oben beschriebene Gebetsform zu verwenden, das heißt: anstatt sich innerlich nutzlos mit einem Mitarbeiter zu zanken, diesen Ärger vor Gott auszubreiten, anstatt um sich selbst zu kreisen und etwas in sich hineinzufressen, es einfach Gott hinzuhalten und vor ihm auszusprechen. Anstatt unseren Zorn über einen Mitmenschen zu ergießen, sollten wir ihn zunächst an die Adresse Gottes laufen lassen, mit aller Heftigkeit der Gefühle und in aller Ehrlichkeit des Herzens. Die Psalmen können uns dazu ermuntern und gerade in dieser Hinsicht eine wichtige Gebetsschule sein.

Lässt man sich auf diese für uns – nicht aber für die Heilige Schrift – ungewohnte Gebetsweise ein, so wird man dabei eine ähnliche Erfahrung machen, wie wenn man vor einem Menschen ehrlich seinen Ärger, seine Ängste usw. ausspricht: dass sich nämlich schon im Aussprechen eine große

Erleichterung und manchmal sogar eine Lösung zeigt. Umso mehr wird im Aussprechen vor Gott, dem Retter und Erlöser, Hilfe und Heilung möglich sein. Wo ich ihm ehrlich meine Schwäche hinhalte, kann seine Gnade einbrechen. Wo ich meine Schwäche vor ihm verberge, ist keine Heilung möglich. In diesem Sinn sagt Paulus im Brief an die Epheser 5,13:

》 *Und alles, was man prüfend dem Licht aussetzt, wird damit erhellt, und ist es erhellt, so ist es nun selbst ein Licht.*

Neben dieser mehr spontanen Form des Betens bei der Arbeit kennen die alten Mönche auch eine systematisch angesetzte Form der »oratio continua«, des unablässigen Gebetes. Benedikt spricht nicht ausdrücklich davon, aber man kann mit Recht annehmen, dass er es kannte und von seinen Mönchen geübt wissen wollte. Ein Hinweis darauf ist in jenen Stellen zu sehen, wo Benedikt davon spricht, die Brüder sollten Psalmen und Lesungen »meditieren« (RB 48 und 58). Hier ist nicht im Sinne des heutigen Sprachgebrauchs von einer Art Schriftbetrachtung oder Schriftmeditation die Rede. Neuere Regelausgaben übersetzen den Ausdruck mit »Einüben von Psalmen«. Gemeint ist hier das Auswendiglernen von Psalmen und anderen Teilen der Heiligen Schrift – wohl für den liturgischen Gebrauch, aber auch für die private Rezitation. Schon Pachomius (gestorben 347), der Begründer des christlichen Klosterlebens, ließ seine Mönche große Teile der Heiligen Schrift auswendig lernen, damit sie diese bei der Arbeit und auch sonst möglichst oft während des Tages und während der Nacht halblaut vor sich hinmurmeln konnten.

Diese *meditatio* ist eine der Grundformen mönchischer Gebetsweise. Man nannte sie auch *ruminatio*, Wiederkäuen des Wortes Gottes, weil das wiederholende Vor-sich-hin-Murmeln des Wortes Gottes einer Art Wiederkäuen gleichkam, wodurch das Wort schließlich in Fleisch und Blut übergehen sollte. Diese Form der *meditatio* bzw. *ruminatio* wurde seit der Zeit der frühen Mönchs- und Kirchenväter, dann im Laufe des Mittelalters und der Reformation bis in unsere Tage von vielen Meistern des geistlichen Lebens praktiziert und weiterempfohlen.[26]

Die Bedeutung dieser Form der *meditatio* liegt vor allem darin, dass sie den Mönch in die Lage versetzt, immer und überall in der Gegenwart Gottes und seines Wortes zu verweilen, das Wort besinnlich vor sich hin zu sprechen und es wiederholend in sich aufzunehmen. Es ist eine ideale Form, die einfache Handarbeit mit der Meditation der Schrift zu verbinden.

Daneben existierte noch eine vereinfachte Form der meditatio. Man sagte nicht ganze Psalmen oder große Abschnitte der Heiligen Schrift vor sich hin, sondern wählte einen einzigen Satz aus, den man unablässig wiederholte. Man sprach in diesem Fall vom monologischen Gebet oder Ein-Wort-Gebet. Johannes Cassian empfiehlt vor allem den Vers: »O Gott, komm mir zu Hilfe; Herr, eile mir zu helfen.« Eine ausführliche Beschreibung dieser Methode findet sich in seiner 9. und 10. Unterredung. Es heißt dort unter anderem:

> *Die Betrachtung dieses Verses soll in deinem Herzen ununterbrochen geschehen. Ihn sollst du bei jeder Arbeit oder Verrichtung und sogar auf der Reise unaufhörlich sprechen, ihn beim Schlafen und Essen und in der letzten Not des Leibes bedenken. Diese Beschäftigung deines Herzens wird dir eine heilsame Formel an die Hand geben und dich nicht nur unverletzt vor jedem teuflischen Angriff bewahren, sondern dich auch reinigen von allen Fehlern und zu den unsichtbaren und himmlischen Beschauungen führen.*[27]

Es ist auch die Methode des Jesusgebetes[28], eine der einfachsten und zugleich intensivsten Formen des Betens. Die ständige Wiederholung wird allmählich zur Gewohnheit, das Gebet kommt wie von selbst, es stört nicht, sondern es sammelt und belebt. Außerdem prägt die ständige Wiederholung auch das Unterbewusstsein und damit die unbewussten Voraussetzungen meines Handelns. Diese psychische Tatsache ist uns meist nur von negativen Erlebnissen her vertraut. Wir wissen, dass beispielsweise Ärger, in den ich mich immer und immer wieder hineinfresse, allmählich gewisse Denkgewohnheiten und Verhaltensweisen prägt, die mich in meinem Denken und Verhalten entscheidend beeinflussen, ob ich will oder nicht. Ähnlich kann eine derartige Gebetsweise tief in der Seele mein Denken und Verhalten beeinflussen und vom Glauben her prägen. So wird dieses Beten bei der Arbeit zu einer entscheidenden Form der Einübung in geistliches Leben.

Neben diesen oben erwähnten allgemeinen Gebetsformeln, die während des ganzen Lebens geübt werden können, deutet Benedikt auch noch eine andere, verwandte Form an. Im 7. Kapitel gibt er bei der vierten Stufe der Demut einige Schriftstellen an, mit denen der Mönch auf ganz bestimmte Alltags- oder Arbeitssituationen reagieren sollte:

> *Auf der vierten Stufe der Demut steht, wer auch bei widrigen Aufträgen und selbst bei jedem zugefügten Unrecht diesen Gehorsam übt, dabei schweigen kann und bewusst die Geduld bewahrt. Er erträgt alles, ohne müde zu werden und davonzulaufen. Die Schrift sagt ja: Wer bis zum Ende standhaft bleibt, der wird gerettet. Ebenso: Hab festen Mut und hoffe auf den Herrn!*

RB 7,35–37

Hier wird das Beten eines Schriftwortes direkt in eine konkrete Alltagssituation hineingestellt. Der Mönch fühlt sich überfordert von einem Auftrag. Doch anstatt davonzulaufen, sagt er sich das Schriftwort vor: »Hab festen Mut und hoffe auf den Herrn.« Das Schriftwort hilft ihm, die Herausforderung anzunehmen und die Situation zu bewältigen. Der Mönch beginnt einen Dialog mit seinem Gefühl des Überfordertseins. Und er führt diesen Dialog mit Worten der Schrift, nicht um seine Gefühle des Ärgers oder des Gekränktseins einfach zu verdrängen, sondern um in diese Gefühle Gottes Wort hineinzulassen.

Es sieht zunächst so aus, als ob das Wort Gottes hier von oben herab ein menschliches Problem auf allzu einfache Weise lösen möchte. Doch so ist es nicht gemeint. Das Wort Gottes ist kein frommes Pflaster, das der Mönch auf das negative Gefühl aufklebt. Der Mönch verdrängt seine Gefühle nicht, aber er überlässt sich ihnen auch nicht. Denn sonst würden sie ihn besetzen, und er würde von seinem Ärger beherrscht. Sobald das Gefühl des Ärgers, des Neides oder der Traurigkeit aufsteigt, sagt er sich ein passendes Wort aus der Schrift vor. So konfrontiert er sein Gefühl mit dem Schriftwort, er lässt sich nicht einfach vom Gefühl treiben, sondern reagiert aktiv. Auf diese Weise kommt in seiner Seele etwas in Bewegung. Das kann dazu führen, dass das Gefühl seine Macht über ihn verliert und das Wort Gottes in ihm die Oberhand gewinnt. So wird sein negatives Gefühl von einem positiven überwunden. Der Ärger weicht der Ruhe und dem inneren Frieden, der Neid der Großmütigkeit, die Traurigkeit der Hoffnung und Geduld. Das ist kein einfacher Trick. Dieser Prozess kann Stunden oder Tage dauern. Entscheidend ist, dass das Annehmen des Wortes Gottes geduldig angestrebt wird.

Benedikt setzt den Dialog mit Alltagssituationen im 7. Kapitel fort:

》 *Die Getreuen müssen für den Herrn alles aushalten, auch was ihnen zuwiderläuft. Das zeigt die Schrift, denn denen, die leiden, legt sie das Wort in den Mund: Um deinetwillen werden wir den ganzen Tag dem Tod ausgesetzt, behandelt wie Schafe, die man zum Schlachten bestimmt hat. Aber weil sie zuversichtlich auf Gottes Vergeltung hoffen, fahren sie mit Freuden fort und sagen: Doch all das überwinden wir durch den, der uns geliebt hat. Und an anderer Stelle heißt es in der Schrift: Du hast, o Gott, uns geprüft und uns geläutert, wie man Silber läutert im Feuer. Du brachtest uns in schwere Bedrängnis und legtest uns eine drückende Last auf die Schulter. Und um zu zeigen, dass wir unter einem Obern sein müssen, fährt sie mit den Worten weiter: Du hast Menschen über unsere Köpfe gesetzt.*

RB 7,38-41

Das Wort der Schrift wird hier zum Schlüssel, der mir die eigentliche Bedeutung der alltäglichen Konflikte und Reibereien aufschließt. Vordergründig läuft mir etwas gegen den Strich, ein Mitarbeiter ärgert mich, oder mir misslingt eine Arbeit, oder die zu große Menge an Arbeit reibt mich auf. Doch indem ich diese Situation mit dem Wort der Schrift konfrontiere, kann mir ihr Sinn aufgehen: Der Herr selbst reibt mich auf, seinetwegen werde ich den ganzen Tag dem Tod ausgesetzt. Er prüft mich durch seine Widerfahrnisse, wie er Silber im Feuer läutert. Die Schriftworte, die Benedikt hier anführt, zeigen, dass es nicht um eine glatte Lösung geht, dass ich nicht alles nur positiv sehen soll. Es gibt durchaus Alltagssituationen, die mich aufreiben. Aber wenn ich sie als innere Herausforderung nehme, dann rauben sie mir nicht meine Energie, sondern setzen Energie frei. Sie sind wie ein Trainingspartner, der mich herausfordert, neue Kräfte in mir zu mobilisieren.

Es gibt Situationen, in denen es nur vordergründig um Auseinandersetzungen mit Menschen geht. Eigentlich geht es darum, dass mir der Herr selbst eine neue Lernaufgabe stellt, und dass ich mich jetzt mit ihm neu auseinandersetzen muss. Wenn ich dann das erwähnte Gebetswort in den Tag und in die Konfliktsituationen mitnehme, kann es zu einem Leitmotiv meines Handelns werden und mich hindern, die Lösung in der falschen Richtung zu suchen. Wer diese benediktinische Gebetsmethode gelernt hat, wem sie in Fleisch und Blut übergegangen ist, der wird von selbst auf alltägliche Begebenheiten bei seiner Arbeit mit Worten aus der Schrift reagieren. Er wird nicht seinem Ärger freien Lauf lassen oder seinem Selbstmitleid oder seinen depressiven Gedanken, die ihn überwältigen wollen, sondern er reagiert aktiv. Und er sucht in den nahen Begebenheiten des Alltags nach dem, was Gott ihm dadurch sagen möchte.

Das ist keine künstliche Methode, mit der man sich zwingen müsste, die Arbeit immer wieder durch Gebet zu unterbrechen, so dass man schließlich seine Gebetsworte wie eine Pflichtübung abhaken könnte. Hier ist das Gebet vielmehr zu einer Haltung geworden. Und von selbst reagiert der Mönch aus der Gebetshaltung heraus auf die Widerfahrnisse des Alltags: auf Misserfolg, auf das Chaos und Durcheinander, auf Missverständnis und Ärger, auf Konflikte und Spannungen. Solch ein betendes Reagieren in den Situationen des Alltags und der Arbeit geschieht dann verständlicherweise nicht im ruhigen Fließen eines besinnlichen Betens, sondern häufig in der Heftigkeit der Erregungen, die im Herzen aufsteigen.

Dazu sei noch ein Beispiel aus einem Gebetbuch angeführt, das Stoßgebet für den Montagmorgen, an dem alles kreuz und quer herumliegt, lässt die Hausfrau stöhnen:

> *Herr, segne dieses Chaos. Segne dieses Montagshaus ... Segne dieses Chaos und mich, wenn ich ihm nun zu Leibe rücke.*[29]

Mit Ärger und Humor wird hier dem Herzen Luft gemacht und zugleich die Arbeit unter die Gegenwart des Herrn gestellt. Deshalb heißt es in der

Tradition auch oft, dass Stoßgebete feurige Gebete seien, weil sie die Glut und Dynamik des Herzens offenbaren und auf Gott lenken. So heißt es in der Kleinen Philokalie:

》 *In der Zeit der Versuchung nimm deine Zuflucht zu kurzen, aber feurigen Gebeten.*[30]

Für Benedikt konkretisiert sich in der Reaktion mit Schriftworten das Leben in der Gegenwart Gottes, der Glaube, dass Gott nicht nur überall gegenwärtig ist, sondern auch immer und überall zu uns spricht, gerade in den profanen und banalen Ereignissen des Alltags. Das Sich-Vorsagen von Worten der Schrift ist für Benedikt auch die Methode, sich in die Haltung Jesu einzuüben. Dem Abt schärft er ein, er solle sich nicht beunruhigen, wenn das Kloster zu geringe Einkünfte hat, er solle dann vielmehr an das Wort Jesu denken:

》 *Suchet zuerst das Reich Gottes und seine Gerechtigkeit. Dann wird euch alles andere dazugegeben.*
RB 2,35

Hier wird das Schriftwort in eine konkrete Situation hineingestellt, in eine Erfahrung wirtschaftlicher Schwierigkeiten, auf die der Abt nicht nur mit finanziellem Sachverstand, sondern ebenso und in erster Linie mit einem Wort Jesu reagieren soll, um hier zu zeigen, was Nachfolge Jesu konkret heißen kann.

Eine Hilfe, bei der Arbeit zu beten, kann sein, wenn man sein Beten an bestimmte Zeiten und Orte oder an immer wiederkehrende Tätigkeiten bindet. So könnte man sich angewöhnen, jedes Mal, wenn das Telefon läutet, ein kurzes Segenswort über den Anrufer zu sprechen. Das würde uns ihm gegenüber wacher und wohlwollender machen. Oder man könnte die vielen Gänge, die man während der Arbeit zu gehen hat, als Gelegenheit benutzen, das Jesusgebet oder einen Psalmvers zu beten. Dann würden wir nicht hastig hin und her hetzen, sondern uns immer wieder aus der Hektik herausnehmen, gegenwärtig werden und offen für die Gegenwart Gottes, die uns umgibt. Graf Dürckheim beschreibt in seinem Buch »Der Alltag als Übung«, wie der einfache Gang zum Briefkasten auf diese Weise zur Einübung der rechten inneren Haltung werden kann:

》 *Ein Brief soll in den Kasten, hundert Schritte entfernt. Hat man nur den Einwurf im Auge, dann sind die hundert Schritte vertan. Ist man als Mensch auf dem »Weg«, vom Sinn des Menschseins erfüllt, dann kann man sich auf dem kürzes-*

ten Gang, geht man in der rechten Haltung und Einstellung, in Ordnung bringen und vom Wesen her erneuern. Und so ist es mit allen Handlungen des Alltags.[31]

Man kann sich durch immer wiederkehrende einfache Tätigkeiten, die zum Vollzug nicht viel Aufmerksamkeit verlangen, in die rechte Haltung einüben, entweder über die rechte Körperhaltung, wie Graf Dürckheim es als Weg für das Transparentwerden des Menschen für das Sein empfiehlt, oder aber durch *meditatio-ruminatio* von Schriftworten, die uns in die Haltung Jesu hineinführen und so auch unser Wesen verändern, Leib und Seele öffnen für den gegenwärtigen Gott.

Dürckheim zitiert einen altjapanischen Satz, um anzuführen, was uns im Alltag zur Einübung der rechten Haltung dienen kann:

》 *Damit etwas religiöse Bedeutung gewinnt, sind nur zwei Bedingungen nötig: Es muss einfach sein und wiederholbar.*[32]

Wenn wir unsere Arbeit nach einfachen wiederholbaren Tätigkeiten abhorchen, werden wir sicher genügend Gelegenheiten entdecken, uns in die Offenheit für den gegenwärtigen Gott einzuüben: das

Öffnen einer Türe, die verschiedenen Gänge, das Zur-Hand-Nehmen oder Weglegen eines Buches, eines Ordners, das Atemholen nach einer beendeten Arbeit, die Arbeitspause und vieles andere mehr.

Sicher darf man nicht übertreiben und alles zur Übung und Meditation werden lassen. Doch wenn wir uns einige gute Gewohnheiten zulegen, werden wir spüren, dass das keine Kraft und Konzentration kostet, sondern im Gegenteil uns immer wieder aus der Hektik herausholt, uns mit uns selbst in Kontakt bringt und uns innere Ruhe und Wahrheit schenkt. Eine gute Gewohnheit kostet keine Kraft, sondern stärkt uns für unsere Aufgaben. Sie geht einem in Fleisch und Blut über und braucht daher nicht über den Willen ständig neu gesteuert zu werden. Sie wirkt aus tieferen Schichten, beeinflusst auch das Unbewusste und gibt unserem Handeln günstigere Voraussetzungen.

Wir brauchen solche guten Gewohnheiten, solche positiven Rituale, die unseren Lebensstil prägen, sie schenken uns unsere Identität, in ihnen fühlen wir uns wohl, in ihnen sind wir zu Hause.

»Bete und arbeite« meint, dass unser Beten mit der Arbeit so zusammenwächst, dass wir wie selbstverständlich bei bestimmten Tätigkeiten bestimmte Gebete sprechen. Das braucht man sich nicht immer wieder neu vorzunehmen, sondern es wird zu einem Stil der Arbeit. Und nur wenn man sich diesen Stil des »ora et labora« angewöhnt, kann das Beten unsere Arbeit verwandeln.

Die richtige innere Haltung bei der Arbeit

Das Beten bei der Arbeit hat nicht nur den Sinn, die Zeiten des Gebetes in die Zeit der Arbeit hinein zu verlängern, sondern dieses Beten soll auch – wie sich gezeigt hat – das Verhalten bei der Arbeit und im Umgang mit den Menschen prägen. Die Arbeit selbst soll in einer geistlichen Haltung vollzogen werden.

Es fällt auf, dass Benedikt bei vielen Anweisungen für die Arbeit und für den Vollzug des täglichen Lebens nicht nur sagt, was im Einzelnen getan werden soll, sondern dass er immer wieder darauf hinweist, wie etwas getan werden soll, also in welcher inneren Haltung. Obwohl Benedikt gutes Arbeiten wünscht, so geht es ihm doch nicht darum, dass unter allen Umständen eine möglichst große Produktivität erreicht wird, sondern dass in einer menschlich und geistlich guten Atmosphäre gearbeitet wird. Die Arbeit soll dem geistlichen Leben dienen und selbst wieder Ausdruck eines guten monastischen Lebens sein. Im Folgenden werden nun einige wichtige Grundhaltungen ausgewählt und kurz dargestellt.

Liebe und Dienst

Beispielhaft auch für alle anderen Bereiche ist das, was Benedikt im 35. Kapitel »Vom Wochendienst in der Küche« sagt. Er beginnt mit den Worten:

> *Die Brüder dienen einander gegenseitig; keiner ist vom Küchendienst entschuldigt, außer er sei krank oder von einer wichtigeren Aufgabe beansprucht; denn dieser Dienst erwirkt mehr Lohn und größere Liebe.*
> RB 35,1f

Das gegenseitige Dienen ist für Benedikt etwas Selbstverständliches. Keiner wird davon ohne besondere Dringlichkeit befreit. Gerade bei den einfachen Arbeiten in der Küche, im Speisesaal der Gemeinschaft und bei den üblichen Reinigungsarbeiten sollen alle zum gegenseitigen Dienst bereit sein. Dazu ist zu bedenken, dass derartige Dienste am Ausgang der Antike Sklavenarbeit waren und deshalb für die Freien der damaligen Zeit besonders erniedrigenden Charakter hatten. Das Mönchtum war bahnbrechend für eine Aufwertung der Handarbeit sowohl im griechisch-römischen wie auch später im germanischen Bereich.³³ Auf diesem Hintergrund ist die Selbstverständlichkeit, mit der Benedikt allen ohne Ausnahme die einfachen Dienste des täglichen Lebens zuteilt, besonders beachtenswert.

Entscheidend ist aber, dass dieser Dienst in der rechten Haltung getan wird. Wenige Zeilen später sagt Benedikt,

sie sollen einander in Liebe dienen.
RB 35,6

Man muss ja damit rechnen, dass mancher diesen Dienst mit innerem Widerstand tut, oder dass beim Küchen- und Tischdienst auch manche Unannehmlichkeiten entstehen, so dass dieser Dienst recht mürrisch und widerwillig versehen werden kann. Benedikt wünscht hier ausdrücklich die Haltung der Liebe. Man kann wohl annehmen, dass er sich der Schwierigkeit dieser Forderung bewusst war. Im eingangs zitierten Satz weist er darauf hin, dass dieser Dienst – wohl gerade weil er vielen nicht selbstverständlich ist und manche

Unannehmlichkeiten mit sich bringt – auch besonderen Verdienst erwirbt und die Liebe vermehrt. Diese letzte Bemerkung ist auffällig. Die Liebe ist vielleicht am Anfang des Dienstes nicht sehr groß, vielleicht ist das Dienen mehr von Pflicht als von Liebe geprägt. Benedikt setzt nun voraus, dass die Liebe nachwachsen kann. Im Tun wird die größere Liebe erworben. Liebe muss nicht am Anfang stehen. Liebe kann auch die Frucht eines Dienstes sein, auf den man sich bereitwillig einlässt.

Dasselbe gilt wohl auch für die anderen Stellen, an denen Benedikt sagt, dass etwas in Liebe getan werden soll. So soll beispielsweise der Pförtner jedem, der anklopft,

> mit Eifer und Liebe
> RB 66,4

antworten. Das wird nicht immer leicht sein und nicht als Forderung von Anfang an erfüllt werden können. Es steht als Aufgabe da, der man erst im Laufe der Zeit immer mehr gerecht werden kann.

Ebenso soll man den ankommenden Gästen

> *mit aller schuldigen Liebe entgegengehen.*
> RB 53,3

Liebe wird hier als etwas gesehen, das dem anderen geschuldet wird. Es ist nicht als Selbstverständlichkeit gegeben, sondern als Aufgabe gestellt, in die man notfalls erst noch hineinwachsen muss. Dasselbe gilt auch für eine andere Stelle, an der erwartet wird, dass

> *alle Jüngeren ihren Älteren mit aller Liebe und Bereitwilligkeit gehorchen*
> RB 71,4

oder wenn gar gefordert wird, dass ein Mönch

> *aus Liebe und im Vertrauen auf Gottes Hilfe*
> RB 68,5

gehorcht, wo er bis an die Grenzen seiner Fähigkeiten gefordert wird. Es kann sich in all diesen Fällen nicht einfach um eine Forderung handeln, die man auf Wunsch hin erfüllen kann, sondern es wird hier eine Haltung als Ziel vorgestellt, in die der Mönch sich ständig einüben muss. Und das Übungsfeld selbst ist die Aufgabe, in die er jeweils gestellt wird und in der nach und nach Liebe wachsen soll.

Die Formulierung »in Liebe dienen« findet sich auch in der Regel des heiligen Augustinus, von dem Benedikt noch verschiedene andere Formulierungen übernommen hat. Es heißt dort im 11. Kapitel:

> *Der Obere aber soll sich glücklich schätzen, nicht weil er kraft seines Amtes gebieten, sondern weil er in Liebe dienen kann.*[34]

Auch das Leiten der Gemeinschaft selbst ist ein Dienen, das nicht das eigene Machtstreben im Blick hat, sondern das Wohl aller Brüder. Auch dieser Dienst soll in Liebe getan werden. Und Augustinus meint, die Oberen sollten es sich zur Ehre anrechnen, in Liebe dienen zu dürfen. Dienst ist somit nicht nur ein Auftrag und eine Verpflichtung, sondern auch Vorrecht und Ehrensache, weil es hierbei um das Höchste geht, nämlich um die Liebe.

Eine weitere Beobachtung aus dem Kapitel über den wöchentlichen Küchendienst zeigt, dass Benedikt nicht voraussetzt, dass dieser Dienst ohne Weiteres in Liebe getan werden kann. Bevor die Brüder diesen Wochendienst beginnen, sollen sie sich vor der ganzen Gemeinschaft zu Boden werfen und um das Gebet bitten. Alle sprechen dazu dreimal den Psalmvers: »O Gott, komm mir zu Hilfe. Herr, eile mir zu helfen!« Und erst nach dem Empfang des Segens beginnen sie dann ihren Dienst (RB 35,17f).

Es sind also das Gebet der ganzen Gemeinschaft und der Segen des Abtes notwendig, damit dieser Dienst in Liebe getan werden kann und die Liebe in der Gemeinschaft wachsen lässt. Beachtenswert ist noch, dass dieser Psalmvers nicht nur eine häufige Gebetsformel während der Arbeit ist, wie oben bereits erwähnt, sondern dass auch jede Gebetszeit während des Tages mit dieser Gebetsformel eröffnet wird. Der Segen und die Hilfe Gottes sind für eine Arbeit, die in Liebe getan werden soll, ebenso wichtig wie für ein gutes Gebet. Wenn nun der Wochendienst und die täglichen Gebetszeiten mit dem gleichen Psalmvers begonnen werden, so zeigt sich auch an diesem Punkt die enge Verbundenheit und Gleichrangigkeit von Gebet und Arbeit. Und in beiden Bereichen geht es um etwas, das man nicht einfach kann oder können muss, sondern wozu man sich mit Gottes Hilfe einüben muss.

Eine weitere Anordnung Benedikts unterstreicht die bisherigen Beobachtungen. Die Brüder, die den Wochendienst beginnen, und jene, die ihn beenden, waschen gemeinsam der ganzen Klostergemeinde die Füße. Die Fußwaschung ist in der alten Kirche und vor allem im Mönchtum ein häufig geübter Brauch. Obwohl er in der Antike ein weit verbreiteter Brauch war, wird er in christlichen Kreisen bewusst in Anlehnung an das Vorbild und den Auftrag Jesu geübt. Fußwaschung bezeichnet ein Dienen im Namen Jesu und in der Nachfolge Jesu, das bis zum Äußersten zu gehen bereit ist. Hier bekommt die einfache Arbeit des Küchen- und Tischdienstes eine christologische Dimension und wird zugleich zum Zeichen für eine umfassende rückhaltlose Dienstbereitschaft in der Gemeinschaft der Brüder. Und wenn dann die Woche des Dienstes beendet ist, sprechen die Brüder dreimal den Vers:

> *Gepriesen bist du, Herr Gott, der du mir geholfen und mich getröstet hast.*
> RB 35,16

Sie wissen, dass ihre Befähigung zum Dienst nicht nur ihre eigene Kraft war, sondern dass der Herr ihnen Hilfe und Trost war, so dass sie den Dienst in Frieden versehen konnten.

Der Wochensegen für die Tischdiener, der heute noch in vielen Klöstern üblich ist, wird somit zu einem Schlüssel für das Verständnis und den Vollzug der Arbeit überhaupt: Auftrag zu einem Dienst in Liebe, der auch das Äußerste an Einsatz fordern kann, aber der beständigen Hilfe Gottes bedarf, damit die rechte Haltung eingeübt werden und die Liebe im Tun wachsen kann. Benedikt hat offensichtlich mit diesem Wochensegen im Blick, dass nicht die Arbeit an sich das eigentliche Problem ist, sondern eher die Zusammenarbeit mit anderen und die täglichen Konflikte, die während der Arbeit mit anderen entstehen. Für diese Auseinandersetzungen bei der Arbeit braucht es immer wieder die innere Reinigung der Emotionen. Denn in der Zusammenarbeit mit anderen setzen sich in uns oft negative Emotionen fest. Wenn diese nicht verwandelt werden, wird unsere ganze Seele davon verschmutzt, und wir werden die Atmosphäre um uns herum vergiften. Das Gebet ist für Benedikt eine Hilfe, die emotionale Umweltverschmutzung, die sich bei der Arbeit immer wieder einschleicht, zu klären oder zu vermeiden.

Demut und Gehorsam

Jede Arbeit hat die Tendenz, den Arbeitenden ganz in Beschlag zu nehmen. Macht die Arbeit Spaß und hat man das Gefühl, sich in ihr selbst verwirklichen zu können, so geht man ganz in ihr auf. Sie vermittelt einem Erfolgserlebnisse und die nötige Abwechslung. Gegen diese Gefahr, dass die Arbeit den Mönch vereinnahmt, wendet sich Benedikt im 57. Kapitel:

> *Sind Handwerker im Kloster, sollen sie ihren Beruf in aller Demut ausüben, wenn es der Abt erlaubt. Wird einer von ihnen überheblich wegen seines beruflichen Könnens, in der Meinung, er bringe dem Kloster großen Nutzen, werde er seines Berufes enthoben, und er darf sich nicht wieder damit beschäftigen, außer er demütige sich und der Abt gebe ihm den Auftrag.*

RB 57,1–3

Für Benedikt ist die Haltung bei der Arbeit wichtiger als das Ergebnis. Selbst wenn die Arbeit eines Einzelnen für das Kloster wirtschaftlich noch so viele Vorteile bringt, darf das kein Grund sein, an dieser Arbeit festzuhalten, wenn sie dem Betreffenden in seiner Seele schadet. Entscheidend ist, dass der Mönch seine Arbeit demütig und im Gehorsam dem Abt und der Gemeinschaft gegenüber verrichtet. Demut meint hier nicht nur die Bereitschaft, mit seiner Arbeit der Gemeinschaft und ihren Interessen zu dienen, sondern auch eine innere Distanz und Freiheit seiner Arbeit gegenüber, die einen befähigt, die Arbeit jederzeit loszulassen, wenn einen eine andere Aufgabe ruft.

In dieser Demut kann man sich durchaus über die eigenen Fähigkeiten freuen und seine Arbeit mit Freude und Zufriedenheit tun. Aber man hängt nicht so an seiner Arbeit, dass die eigene Identität davon abhängt. Man bricht nicht zusammen, wenn man seine Arbeit aufgeben und sich einer neuen Aufgabe zuwenden muss. Der Demütige überschätzt sich nicht und verzichtet darauf, mit seiner Arbeit der eigenen Selbstbestätigung zu dienen. Er lässt sich vielmehr von Gott in Dienst nehmen und übergibt ihm seine Fähigkeiten. So liegt ihm nicht an seinem Erfolg, sondern allein an dem Nutzen, den er mit seinen Fähigkeiten für andere stiften kann.

Das zeigt sich, indem er seine Arbeit im Gehorsam von seinem Abt entgegennimmt. Wie der Gehorsam bei der Arbeit aussieht, hat Benedikt im 5. Kapitel beschrieben:

》 *Die so gesinnt sind, geben eigene Interessen sogleich auf und gehen vom Eigenwillen ab; sie legen sofort alles aus den Händen, lassen ihre Arbeit unvollendet liegen, und mit flinken Schritten des Gehorsams folgen sie in der Tat dem Ruf dessen, der befiehlt.*
RB 5,7f

Die Alten rühmen Mönche, die in ihrem Gehorsam so weit gehen, dass sie den angefangenen Buchstaben nicht fertig schreiben, wenn sie vom Abt zu einer anderen Arbeit gerufen werden, oder wenn das Zeichen zum Gebet gegeben wird.

Benedikt fordert jedoch keinen äußeren Gehorsam, sondern er schaut auf das Herz. Die Mönche sollen mit frohem Herzen den Gehorsam leisten, denn:

> *Gott liebt einen fröhlichen Geber.*
> RB 5,16

> *Wenn nämlich der Jünger nur mit Missmut gehorcht oder wenn er sich kritiksüchtig gibt, sei es auch nur im Herzen, nicht mit dem Mund, dann hat Gott keinen Gefallen an ihm, auch wenn der Befehl ausgeführt wird, denn Gott sieht sein Herz murren.*
> RB 5,17f

Es kommt nicht darauf an, die Arbeit äußerlich ordentlich und auftragsgemäß zu tun, sondern es kommt auf die innere Einstellung an. Man muss sich mit dem Befehl des Abtes identifizieren, sich ganz auf ihn einlassen und ihn so in sich hineinnehmen, dass er zur eigenen Aufgabe wird. So wird einem die Arbeit Freude machen. Man hat sie im Herzen angenommen und wird nicht halbherzig oder widerwillig an seine Arbeit herangehen, sondern froh, ohne Kritiksucht, mit der man sich allzu leicht Gründe sucht, der Arbeit auszuweichen und sich nicht von ihr fordern zu lassen.

Das Murren raubt einem den Schwung bei der Arbeit. Und es zeigt, dass ich mich nicht in Dienst nehmen lasse von einem anderen, sondern dass mir die Erfüllung meiner eigenen Wünsche und Vorstellungen wichtiger ist. Das Murren ist ein Sich-Zurückziehen auf sich selbst. Ich selbst stehe im Mittelpunkt, und alles wird meinen Bedürfnissen untergeordnet. Die Erfüllung meiner Bedürfnisse ist das Kriterium, von dem aus alles beurteilt wird. Benedikt will dagegen den Mönch durch den Gehorsam von diesem Kreisen um sich und seine Bedürfnisse befreien und ihn öffnen für Gott und für die Gemeinschaft. Wer seine Arbeit in Demut und Gehorsam Gott gegenüber tut, hängt nicht so an ihr, dass sie ihn blind macht für seine Mitmenschen oder für Gott. Weil er im Dienst Gottes steht, ist für ihn die Frage zweitrangig, welchen Dienst er verrichten soll. Er wird seine Arbeit sogleich loslassen können, wenn Gott ihm durch den Abt oder die Gemeinschaft einen anderen Dienst aufträgt.

Für unser heutiges Arbeitsethos ist das nur schwer verständlich. Wir gehen heute auch teilweise mit Recht von anderen Voraussetzungen aus, weil sich unser Leben, auch in den Klöstern, in anderen Verantwortlichkeiten und gesellschaftlichen Zusammenhängen abspielt. Benedikts Kloster war ein überschaubarer Bereich, offensichtlich ohne größere Aufgaben nach auswärts. Heute sind Klostergemeinschaften oft mit äußeren Aufgaben betraut, für die der Einzelne mehr Fachwissen und persönlichen Entscheidungsspielraum braucht als in der Gemeinschaft Benedikts. Deshalb sind auch im Bereich von Selbständigkeit und Gehorsam zum Teil neue Bewertungen und Verhaltensweisen notwendig.[35] Trotzdem bleiben die Maßstäbe Benedikts in ihrer Weise gültig und können dem Einzelnen als Testfragen für die eigene innere Einstellung und die Lauterkeit seines Handelns dienen.

Wenn nicht mehr die Selbstverwirklichung in der Arbeit oder das Ergebnis die entscheidenden Merkmale sind, sondern die Bereitschaft, mit seiner Arbeit anderen zu dienen und sich in seiner Arbeit von Gott in Dienst nehmen zu lassen, dann entsteht die innere Freiheit der Arbeit gegenüber, die Benedikt in seiner Regel voraussetzt. Es ist eine Freiheit, in der der Mönch sich ganz in die Arbeit einlassen kann, in der er

> *nicht zaghaft, nicht saumselig, nicht lustlos*
> RB 5,14

an die Arbeit geht, sondern Freude daran hat, sie aber trotzdem jederzeit loslassen und einem anderen überlassen kann.

Diese Haltung ist aber nicht allein den Mönchen vorbehalten. Auch in der modernen Arbeitswelt gibt es Abteilungsleiter, die an ihrem Posten festhalten und damit eine Entwicklung der Firma blockieren. Auch da gibt es die Angst, von anderen abgesetzt oder ersetzt zu werden. Ich werde heute nur dann ohne Angst und ohne verkrampftes Festhalten arbeiten, wenn ich bereit bin, meine Arbeit loszulassen, wenn ich mich nicht von meiner Arbeit her definiere, sondern davon, dass ich im Dienst Gottes stehe und meine Arbeit, wie sie mir jetzt zugeteilt wird, kreativ und phantasievoll und mit meiner ganzen Energie verrichte.

Sorgfalt und Ehrfurcht

Vom Cellerar verlangt Benedikt:

》 *Alle Geräte des Klosters und den ganzen Besitz betrachte er wie heilige Altargefäße. Nichts glaube er vernachlässigen zu dürfen.*
RB 31,10f

Auch die gewöhnlichen Dinge des Alltags sind wie heilige Altargeräte zu behandeln, das heißt mit Ehrfurcht und Sorgfalt, ohne jede Nachlässigkeit. Ähnliche Hinweise auf die Heiligkeit der alltäglichen Dinge finden sich schon in der vorbenediktinischen Mönchsliteratur.[36]

Der Hinweis Benedikts auf die heiligen Altargeräte dürfte eine Anspielung auf einen Text des Propheten Sacharja sein:

》 *An jenem Tag wird auf den Pferdeschellen stehen: Dem Herrn heilig. Die Kochtöpfe im Hause des Herrn werden gebraucht wie die Opferschalen vor dem Altar. Jeder Kochtopf in Jerusalem und Juda wird dem Herrn der Heere geweiht sein.*
RB 14,20f

Dies ist eine eschatologische Verheißung für die messianische Endzeit. Es wird keinen Unterschied mehr zwischen heilig und profan geben. Alles ist heilig. Alles steht im Dienst des Herrn. Auch die alltäglichsten Dinge nehmen teil an der Würde des Heiligtums. Für Benedikt ist Gott so intensiv überall gegenwärtig, dass diese Gegenwart alles ergreift und verwandelt. Daraus erwächst für Benedikt eine große Ehrfurcht vor den Dingen. Jede Nachlässigkeit und Gleichgültigkeit im Umgang mit den Dingen muss deshalb vermieden werden.

》 *Geht einer mit den Sachen des Klosters aber unsauber oder gar nachlässig um, so werde er zurechtgewiesen.*
RB 32,4

Was für die Arbeit ausgeliehen wurde, soll

》 *sauber und unbeschädigt*
RB 35,10

wieder zurückgebracht werden. Es geht hier nicht nur um Sparsamkeit, sondern um die Sorgfalt auch in den alltäglichsten Verrichtungen. Deshalb sollen auch die materiellen Dinge des Klosters nur Brüdern mit gutem Charakter anvertraut werden:

》 *Den Besitz des Klosters an Werkzeugen, Kleidern und an Dingen jeder Art vertraue der Abt Brüdern an, auf deren Leben und Tugendstreben er sich verlassen kann.*
RB 32,1

Und das ganze Kapitel über den Cellerar, der die zeitlichen Güter des Klosters zu verwalten hat, ist geradezu eine Magna Charta für den sorgfältigen und ehrfürchtigen Umgang mit den Dingen und auch mit den Menschen. Der oben zitierte Satz über die heiligen Altargeräte ist gleichsam die zentrale Aussage des ganzen Kapitels.

Die Ehrfurcht vor den Dingen äußert sich vor allem in der ruhigen und gesammelten Art, mit der man die Arbeit tut und die Dinge handhabt. In innerer Ruhe arbeiten gilt als ein erstrebenswertes Ziel:

> *Ein Alter sagte: Die Liebe zur Handarbeit ist der Ruin der Seele, doch ihr stilles Tun ist Ruhe in Gott.*[37]

Eine übertriebene Liebe und ein Hängen an der Arbeit führen zu ungesunder Hektik und schaden dem Menschen. Friedliches Arbeiten deutet auf den Frieden der Seele. Wer still und ruhig, sorgfältig und ehrfürchtig arbeitet, der fällt nicht aus der Gegenwart Gottes, sondern den verbindet die Arbeit genauso mit Gott wie die Zeit des Gottesdienstes. Die Arbeit selbst wird zum Gottesdienst. In den Chassidischen Geschichten finden wir die gleiche Erfahrung wieder. Man besucht den erfahrenen Frommen nicht nur, um seine Lehre zu hören, sondern um ihn bei der Arbeit zu beobachten, da man daraus sein Inneres erkennen kann:

> *Dass ich zum Maggid fuhr, war nicht, um Lehre von ihm zu hören, nur um zu sehen, wie er die Filzschuhe aufschnürt und wie er sie schnürt.*[38]

Im Schnüren der Schuhe war der Maggid mit Gott verbunden. Die Art seiner Bewegung spiegelt das Ruhen in Gottes Gegenwart wider. Hier hat der Umgang mit den materiellen Dingen die gleiche Bedeutung wie Schriftlesung und Gebet selbst. Sorgfalt und Ehrfurcht werden so zu Grundhaltungen des geistlichen Lebens überhaupt.

Nun hat das obige Zitat von den heiligen Altargeräten eine bedeutsame Parallele in der Lebensbeschreibung des heiligen Benedikt. Georg Holzherr hat in seinem Regelkommentar darauf hingewiesen.[39] Papst Gregor sagt nach der letzten großen Versuchung Benedikts, als er dann fähig wurde, andere Menschen zu führen, es seien ihm damit die heiligen Gefäße anvertraut worden, nämlich die Seelen der Menschen.[40] Nicht nur die Dinge sind heilig; vor allem der Mensch ist heilig, ein Gefäß der Gegenwart Gottes, oder – wie Benedikt in seiner Regel öfter sagt – im Menschen, im Mitbruder begegnen wir Christus selbst. Und dies erfordert ebenfalls Behutsamkeit und Ehrfurcht im Umgang mit dem Menschen, selbst im Umgang mit unsympathischen und sogar feindlich gesinnten Menschen. Da diese Thematik an anderer Stelle bereits ausführlich dargelegt wurde[41], soll dieser Gedanke nur an einem einzigen Gesichtspunkt beispielhaft aufgezeigt werden. Benedikt wünscht vom Abt:

》 *Er hasse die Fehler und liebe die Brüder! — Oderit vitia, diligat fratres.*
RB 64,11

Mit dieser Anweisung ist Benedikt offensichtlich von Augustinus abhängig, der diese Formulierung öfter gebraucht. Im 7. Kapitel seiner Regel heißt es, dass man bei der Bestrafung von Brüdern vorgehen sollte

》 *mit Liebe zu den Menschen, aber mit Hass gegen die Laster.*[42]

An anderen Stellen geht Augustinus ausführlicher auf diesen Gedanken ein. Es ist aufschlussreich, seine Gedankenführung zu verfolgen. So sagt er in einer Predigt, es sei überhaupt nicht gut, über einen Menschen zu urteilen; das sei allein Gottes Sache. Aber wenn es trotzdem geschehe, dann müsse das mit bestimmten Einschränkungen geschehen:

> *Wenn du urteilst, liebe den Menschen, hasse den Fehler. Liebe nicht den Fehler wegen des Menschen, hasse nicht den Menschen wegen des Fehlers. Der Mensch ist dein Nächster. Der Fehler ist der Feind deines Nächsten.*[43]

Wie die Gefahr besteht, einen Fehler gutzuheißen oder darüber hinwegzusehen, weil man den betreffenden Menschen mag, so besteht auch die umgekehrte Gefahr, dass man einen Mensch ganz und gar wegen eines Fehlers ablehnt. Es ist wichtig, den Fehler nicht mit dem ganzen Menschen gleichzusetzen. Auch ein Mensch, der Fehler hat, bleibt mein Nächster, den ich lieben soll. Und der Fehler ist selbst etwas, das meinem sündigen Mitmenschen feindlich gegenübersteht, denn der Fehler schadet auch dem, der ihn tut. Der Fehler ist nicht identisch mit dem Menschen, sondern geradezu dessen Feind. In seinem Werk »Über den Gottesstaat« führt Augustinus diesen Gedanken noch etwas weiter:

> *Da niemand seiner Natur nach böse ist, sondern jeder Böse nur durch die Sünde böse ist, so darf der, welcher nach Gott lebt, weder den Menschen hassen wegen der Sünde, noch die Sünde lieben wegen des Menschen, sondern er muss die Sünde hassen und den Menschen lieben. Denn wenn die Sünde beseitigt ist, so bleibt nur solches zurück,*

was er zu lieben hat, und nichts, was er zu hassen hätte.[44]

Trotz seiner Fehler bleibt der Mensch von Natur aus gut. Ist der Fehler verschwunden, so bleibt nur der gute Mensch zurück. Diese Ausführungen darf man nicht in der Weise missverstehen, als ob man den Menschen und seinen Fehler schön auseinanderhalten könnte. Der Fehler ist auch immer der Fehler dieses Menschen, für den er bis zu einem gewissen Grad verantwortlich ist. Augustinus will hier einfach auf die gegenteilige Gefahr hinweisen, dass man den Menschen und seinen Fehler einfach identifiziert. Mit seinen Überlegungen will er helfen, die Gefühle der Abneigung und des Zornes gegen einen Menschen etwas zu sortieren und mehr Klarheit und Ordnung in sie zu bringen, damit man dem Menschen eher gerecht werden kann.

Derartige Überlegungen sind für Augustinus nicht nur rein theoretischer Natur. Er hat auch selbst danach gehandelt. So hat er sich beispielsweise in Bittbriefen an die staatliche Obrigkeit für Verbrecher eingesetzt. Als man den Bischof von Hippo deswegen kritisierte und über ihn die Nase rümpfte, weil er sich für eine solche Sorte Menschen einsetze, verteidigte er in einem Brief sein Verhalten mit den Worten:

> *Leicht und gewöhnlich ist es, die Bösen zu hassen, weil sie böse sind; selten aber und ein Werk der Frömmigkeit ist es, sie zu lieben, weil sie Menschen sind.*[45]

Auch der sogenannte böse Mensch hat als Mensch seine Würde, die ihm niemand absprechen darf. Darum ist gegenüber jedem Menschen ausnahmslos eine ehrfürchtige Haltung gefordert. Und es ist nun genau im Sinne des hl. Augustinus, wenn Benedikt den Abt ermahnt, gerade den Brüdern gegenüber, die sich vergangen haben, besonders behutsam vorzugehen,

> *damit das Gefäß nicht zerbreche, wenn er den Rost allzu eifrig auskratzen möchte. Er schaue immer mit Misstrauen auf seine eigene Gebrechlichkeit und denke daran, dass man das geknickte Rohr nicht vollends zerbrechen darf.*
> RB 64,12f

Benedikt weiß sehr wohl zwischen dem Menschen und dem Fehler zu unterscheiden. Deshalb geht er aus Ehrfurcht vor der Würde des Menschen mit Sorgfalt und Ehrfurcht ans Werk. So wie die Dinge des Alltags als heilig und dem Herrn gehörig zu betrachten und zu behandeln sind, so auch der Mensch, in dem ja Christus gegenwärtig ist. Christus begegnen wir in jedem Menschen, auch durch alle Verfremdungen des Bösen hindurch. Der richtige Umgang mit den Mitarbeitern, mit den Kunden und Lieferanten ist wohl die größte geistliche Herausforderung, die die tägliche Arbeit mit sich bringt. Aber davon hängt ab, ob ich meine Arbeit aus dem Glauben heraus vollziehe oder nur, um einen schnellen Erfolg zu haben. Die Ehrfurcht, die Benedikt vom Mönch im Gebet erwartet, ist auch die Grundhaltung, mit der wir in der Arbeitswelt den Mitmenschen begegnen sollen.

Gotteslob und Danksagung

Gotteslob und Danksagung erinnern uns zunächst an das Gebet und den gemeinsamen Gottesdienst. Dort haben Lobpreis und Danksagung auch ihren selbstverständlichen Ort. Für Benedikt ist das so klar, dass er im Zusammenhang mit dem Gebet diese Ausdrücke nur selten verwendet, obwohl er lange Kapitel über die Gestaltung des gemeinsamen Gottesdienstes geschrieben hat.

Umso erstaunlicher ist es, dass er relativ oft im Zusammenhang mit alltäglichen Situationen vom Lobpreis Gottes und von der Danksagung spricht, und das bei Gelegenheiten, wo man eher das Gegenteil erwarten würde. Bekannt sind Benedikts

Anordnungen über das Weintrinken. Trotz persönlicher Bedenken erlaubt Benedikt seinen Mönchen, ein begrenztes Maß an Wein zu trinken, wie es in südlichen Ländern als Beigabe zum Essen üblich ist, aber immer so, dass kein Missbrauch entstehen kann. Nun kann es aber sein, dass dieses Maß an Wein – etwa ein Viertelliter – nicht aufzutreiben ist:

》 *Wo es die Ortsverhältnisse aber mit sich bringen, dass nicht einmal das oben angegebene Maß, sondern viel weniger oder gar nichts aufzubringen ist, da sollen jene, die dort wohnen, Gott preisen und nicht murren.*
RB 40,8

Die naheliegende Reaktion auf diesen Mangel wären wohl das Murren und die Traurigkeit wegen dieses erzwungenen Verzichtes. Benedikt ermahnt seine Mönche in diesem Augenblick zum Lobpreis Gottes, als wäre ihnen eine Wohltat widerfahren.

Eine ähnliche Situation findet sich dort, wo Benedikt die Frage stellt, ob alle Brüder immer alles in gleichem Maß erhalten sollen. Benedikt möchte, dass nach dem Maßstab von Apostelgeschichte 4,35 vorgegangen wird, wo es heißt, es sei einem jeden zugeteilt worden, wie er es brauchte, das heißt, wer mehr braucht, soll mehr bekommen, wer weniger braucht, soll eben weniger bekommen. Das klingt sehr vernünftig. Benedikt denkt nun aber an den, der weniger braucht und deshalb auch weniger bekommt. Es besteht die Gefahr, dass er auf den neidisch wird, der mehr braucht und deshalb auch mehr bekommt, vielleicht manche Ausnahme und manches Privileg, das er selbst auch gerne hätte. Dazu sagt Benedikt:

» *Wer also weniger braucht, danke Gott und sei nicht traurig.*
RB 34,3

Auch hier wird wieder ein Bruder aufgefordert, für einen Verzicht, den er leisten muss, dem Herrn zu danken. Warum das so ist und wie das möglich ist, lässt sich ein wenig verstehen, wenn man die Ausführungen über die Fastenzeit betrachtet. Benedikt will diese Zeit der Buße und Erneuerung sehr ernst genommen wissen. Er schreibt unter anderem:

» *Ein jeder bringe über das ihm bestimmte Maß hinaus etwas aus eigenem Willen in der Freude des Heiligen Geistes Gott als Opfer dar, das heißt: er entziehe seinem Leib etwas im Essen, Trinken, Schlafen, Reden, Scherzen und harre in Freude und Sehnsucht des Geistes dem heiligen Osterfest entgegen.*

RB 49,6f

Zweimal ist in diesem Text von der Freude die Rede. Einmal ist es die Freude des Heiligen Geistes, das heißt die Freude, die die Gegenwart des Heiligen Geistes im Menschen hervorruft. Die Freude ist eine Frucht des Heiligen Geistes (vgl. Galater 5,22). An der anderen Stelle erwächst die Freude im Blick auf das Osterfest, die Auferstehung, das neue Leben. Die Freude, und damit auch Lobpreis und Danksagung sind möglich, wenn trotz des Verzichtes das Wirken des Geistes erfahren wird und die Sehnsucht nach dem neuen Leben wach und lebendig ist. Diese Freude ist dann kein geistlicher Masochismus, keine perverse Befriedigung an den Schmerzen der Selbstkasteiung, sondern eine Freude und ein Lobpreis, die aus einer geistlichen Erfahrung kommen, die tiefer greift als ein momentaner Verzicht auf äußere Dinge. Voraussetzung für einen solchen Lobpreis ist dann natürlich, dass der innere Mensch lebendig ist und aus den inneren Quellen zu leben vermag. Wo dies nicht der Fall ist, kann die Aufmunterung Benedikts zum Lobpreis für den Mönch eine Anregung sein, sich wieder mehr um die Dinge des inneren Menschen zu kümmern, damit seine Freude nicht vom Haben oder Nichthaben äußerer Dinge abhängig ist, sondern aus tieferen Quellen gespeist wird.

Der Doppelaspekt von Verzicht und Danksagung ist auch Paulus geläufig. Aus Anlass von Streitigkeiten wegen Speisevorschriften schreibt er:

» *Wer isst, tut es für den Herrn: er dankt ja auch Gott; und wer nicht isst, tut es ebenfalls für den Herrn: auch er dankt Gott.*
RÖMER 14,6

Wie es möglich ist, mit Dankbarkeit zu genießen, so ist es auch möglich, mit Dankbarkeit zu verzichten.

Ein weiterer Text findet sich bei Benedikt im Kapitel über den Pförtner des Klosters:

» *Sobald jemand klopft oder sich ein Armer meldet, antworte er: »Gott sei Dank« oder »Segne mich«.*
RB 66,3

Dieser Antwort-Ruf »Gott sei Dank« mag damals eine übliche Formel gewesen sein. Nimmt man sie aber ernst, so ist sie gar nicht mehr selbstverständlich. An die Pforte des Klosters kommen sehr verschiedene Menschen. Hier sind die Armen genannt, an anderer Stelle Pilger und Fremde. Es sind also oft auch Leute, deren Behandlung nicht sehr einfach ist, Menschen, die etwas erbitten, oft schmutzig oder krank sind und auch zu allen möglichen Zeiten ankommen. Und immer soll der Pförtner »Gott sei Dank« sagen. Das kann er nur, wenn er in den momentanen Unannehmlichkeiten auch einen größeren Sinn und Zusammenhang sieht. Im 53. Kapitel sagt Benedikt mehrmals, dass im Gast und Fremden immer Christus aufgenommen wird, speziell in den Armen und Pilgern. So muss das »Gott sei Dank« des Pförtners nicht unbedingt Ausdruck seiner Freude über jeden Ankömmling sein, sondern es kann aus dem Wissen kommen, dass er in jedem Ankommenden Christus begegnet, wenn er ihm bereitwillig zu Diensten ist. So kann jeder Ankommende zum Segen werden, wie ja auch im oben zitierten Text »Segne mich« als Begrüßungsformel gebraucht werden kann.

Dahinter steckt die ganz allgemeine christliche Überzeugung, dass alles, was kommt, von Gott kommt und seinen Sinn hat, auch wenn wir ihn nicht sehen und nicht verstehen. Deshalb sollen die Mönche für alles Dank sagen, für das Schöne und für das Leidvolle. Dazu ein Text des großen Barsanuphius, der im 6. Jahrhundert in Palästina lebte:

》 *Bewahre Dankbarkeit für alles nach dem Apostelworte: »Für alles danket« (1 Thessalonicher 5,18). Magst du in Nöten oder Sorgen, in Bedrängnis, Krankheit oder körperlichen Beschwerden sein, für alles, was dir widerfährt, danke Gott; denn: »Durch viele Trübsale müssen wir in das Reich Gottes eingehen« (Apostelgeschichte 14,22). Lass deine Seele nicht durch Zweifel niederdrücken und das Herz nicht entmutigen, sondern denke an das Wort des Apostels: »Ob auch unser äußerer Mensch zerstört wird, so wird doch unser inneres von Tag zu Tag erneuert« (2 Korinther 4,16). Wenn du Leiden nicht ertragen willst, kannst du auch nicht an Christi Kreuzesleiden und an den Früchten seiner Erlösung teilhaben.*[47]

Alles, was kommt, soll angenommen werden, weil alles von Gott kommt, in dessen Plan alles seinen Sinn haben wird, auch wenn wir ihn nicht verstehen. Und je mehr sich einer auf diese Erfahrung einlässt, desto mehr kann er auch die Erfahrung machen, die Paulus beschreibt, dass nämlich gerade im äußeren Aufgeriebenwerden der innere Mensch von Tag zu Tag neu werden kann, weil vieles Äußere abfällt, was den Durchbruch des eigentlichen Lebens verhindert hat.

Abschließend soll noch ein letzter Text aus der Regel Benedikts angeführt werden. Im Kapitel über die Handwerker im Kloster spricht Benedikt davon, dass gelegentlich Erträge des Klosters nach außen verkauft werden. Dazu sagt er:

> *Bei der Festlegung des Preises schleiche sich nicht das Laster der Habsucht ein. Man verkaufe vielmehr immer etwas billiger, als es sonst Weltleute tun können, damit in allem Gott verherrlicht werde.*
>
> RB 57,7f

Es soll billiger verkauft werden, um der Habsucht und dem Gewinnstreben vorzubeugen. Und das dient dann auch der Verherrlichung Gottes, weil hier nicht dem Götzen der Gewinnsucht, sondern Gott die Ehre gegeben wird. Es ist ein Glaubenszeugnis für die Menschen, wenn das Kloster nicht auf größtmöglichen Gewinn aus ist, sondern mit bescheideneren Forderungen zufrieden ist. Und dieses Verhalten ist auch ein Zeichen für die Mönche selbst, dass sie nicht am Äußeren hängen, sondern nach den inneren Gütern streben. Lobpreis Gottes geschieht hier nicht mit Worten, sondern schlicht und einfach durch das Tun. Es zeigt sich hier auch, wie tiefgreifend für Benedikt das Thema des Lobpreises ist, wenn er selbst im Umgang mit dem Geld das Anliegen der Verherrlichung Gottes gewahrt wissen will. Alles soll auf die Verherrlichung Gottes hin getan werden. Und das ist immer dann der Fall, wenn wir den Egoismus lassen und selbstlos arbeiten. Hier wird nochmals deutlich, warum Benedikt zu Beginn des 57. Kapitels so nachdrücklich betont, dass die Handwerker in Demut und Bescheidenheit ihr Handwerk ausüben sollen, und dass jeder, der wegen seiner Arbeit stolz wird, von seinem Platz entfernt werden soll. Denn wenn die innere Haltung des Arbeitenden ungeistlich und ichbezogen ist, dient sie nicht der Ehre Gottes und wird in den Augen Benedikts im Grunde wertlos.

Die Formulierung Benedikts am Ende des 57. Kapitels »dass in allem Gott verherrlicht werde« stammt aus 1 Petrus 4,11. Sie ist neben dem *ora et labora* – bete und arbeite – das Leitmotiv der Benediktiner. Die Abkürzung der lateinischen Formulierung U.I.O.G.D. (»*Ut in omnibus glorificetur Deus*«) fand sich in vergangenen Zeiten häufig an Bauwerken oder am Ende von Büchern. Abgesehen von der Tatsache, dass das *ora et labora* in dieser Formulierung nicht wörtlich in der Regel Benedikts zu finden ist, sondern erst im späten Mittelalter als Leitmotiv der Benediktiner auftaucht, scheint sich die Formel »dass in allem Gott verherrlicht werde«

in besonderer Weise zu eignen, benediktinisches Leben zusammenzufassen.

Sosehr auch das *ora et labora* bestens geeignet ist, benediktinisches Leben zu deuten – wie sich in den bisherigen Ausführungen gezeigt hat –, so besteht doch bei vielen Menschen die Gefahr, dass sie diese Formel missverstehen als ein Nebeneinander von Gebet und Arbeit, was dann dem Anliegen Benedikts sicher nicht gerecht würde. Die Formel »dass in allem Gott verherrlicht werde« fasst das ganze Leben unter einem einzigen Gesichtspunkt zusammen. Sie beinhaltet selbstverständlich Gebet und Liturgie, aber auch die Arbeit und den Umgang mit den Menschen, stammt das Zitat doch aus dem Kapitel über die Handwerker und den Verkauf ihrer Waren. Alles soll auf die Verherrlichung Gottes ausgerichtet sein, und kein Lebensbereich darf auf Kosten des anderen in seiner religiösen Bedeutung verkürzt werden.

Wir vermissen in dieser Formel vielleicht die Erwähnung des Menschen. Aber es hat sich in den bisherigen Ausführungen immer wieder gezeigt, dass zur Verherrlichung Gottes und zu einem echten und glaubwürdigen Gebet immer auch der gute Umgang mit dem Menschen gehört: Dienstbereitschaft, Ehrfurcht, Sorgfalt und Liebe – selbst noch denen gegenüber, die uns unsympathisch sind oder gar Böses angetan haben.

Nun ist es freilich nicht leicht, das ganze Leben unter das Leitmotiv von Lobpreis und Danksagung zu stellen. Es ist auch auffallend, dass Benedikt bei allen Stellen, wo er in einer Situation des Alltags zu Danksagung und Lobpreis auffordert, eine negative Situation im Auge hat, in der man auf etwas verzichten muss oder in einer schwierigen Situation steht, in der man spontan lieber anders handeln würde. Er spricht nie davon, dass man in positiven Situationen, etwa bei einer besonderen Freude, Gott loben und preisen soll. Das ist für ihn wohl eine Selbstverständlichkeit. Bei negativen Situationen jedoch muss er eigens darauf hinweisen, weil es für viele seiner Mönche ungewöhnlich ist und mancher von ihnen überhaupt erst dieses Verhalten lernen muss.

Das gilt besonders dann, wenn es sich nicht nur um gelegentliche Schwierigkeiten im Alltag und bei der Arbeit handelt, sondern um Dauerprobleme, zum Beispiel um schwere Konflikte, ständige Überlastung und überhaupt um Probleme, die einen Menschen überfordern oder schwer verletzen. Gerade dann ist es wichtig, dass man sich nicht in seinen Schmerzen verschließt, sondern auf Gott hin öffnet. Roger Schutz schreibt dazu in seinem Tagebuch:

> *Angesichts der Erschütterungen in uns selbst, in der Kirche oder in der Gesellschaft stehen uns zwei Wege offen: Entweder Schmerzen und Ängste münden in Selbstmitleid und Bitterkeit; stöhnend erstarrt der Mensch unter der zermalmenden Last, und alles ist verloren. Oder aber Schmerz und Traurigkeit strömen über in den Lobpreis seiner Liebe. Er entreißt den Menschen der Passivität und gibt ihm die Kraft, allen Geschehnissen gerade ins Gesicht zu schauen.*[48]

Der Lobpreis Gottes erscheint in diesem Text nicht nur als ein Rat für eine schwierige Situation, sondern geradezu als die Bedingung, um überhaupt sinnvoll weiterleben zu können. Der Lobpreis sprengt das Gefängnis, in dem der Mensch in seinem Leid sitzt, und öffnet ihm den Blick auf die Größe Gottes. Nicht nur das Leid, sondern auch die Gegenwart Gottes ist für den Menschen eine Realität, der er sich trotz des Leids öffnen kann, so wie er auch einmal trotz der Schmerzen einer Krankheit von einer überraschenden Freude oder einem begeisternden Erlebnis gepackt und überwältigt werden kann, falls er sich darauf einlässt. Bis zu einem gewissen Grad hat der Mensch die

Wahl, ob er mehr auf seine schwierige Situation starrt oder auf seinen Gott schaut und ihm im Gebet die Ehre gibt. Und Roger Schutz meint, dass der Mensch dann überhaupt erst die Kraft findet, »allen Geschehnissen gerade ins Gesicht zu schauen«. Der Lobpreis in einer schmerzlichen Situation vernebelt nicht die wahre Lage, sondern befähigt dazu, diese wahrzunehmen und sich ihr zu stellen. An einer anderen Stelle sagt Schutz, dass diese Wunde sogar notwendig ist:

> *Leidenschaftlicher Sucher seiner Liebe von Ewigkeit, wer du auch seist, weißt du, wo dein Herz Ruhe findet? Gerade durch deine Wunde hindurch öffnet er die Tür zur Fülle: zum Lobpreis seiner Liebe. Überlasse dich, gib dich. Das heilt die Wunden, und nicht nur die deinen.*[49]

Dort, wo der Mensch am meisten verwundet ist, dort ist er auch am meisten offen, und es besteht die Chance, dass gerade dort die Liebe und der Lobpreis durchbrechen können und das Leben heilen. Aber letztlich geht es gar nicht darum, dass die Probleme sich unbedingt lösen müssen, sondern dass der Lobpreis Gottes trotz allem nicht verstummt.

Henri Nouwen, der sieben Monate in einem Trappistenkloster mitlebte, um einige Probleme seines

Lebens besser lösen zu können, fasst seine Erfahrung in die Worte:

> *Klöster baut man nicht, um darin Probleme zu lösen, sondern um Gott aus all seinen Problemen heraus zu loben.*[50]

Damit meint Nouwen sicher nicht, dass wir die Augen vor den Problemen verschließen oder sie sofort spirituell lösen. Vielmehr geht es darum, die Probleme offen anzuschauen und trotzdem Gott zu loben. Das relativiert die Probleme. Das gibt uns mitten in den alltäglichen Reibereien eine innere Gelassenheit und Freiheit. Und nur aus der Haltung der Gelassenheit heraus können wir uns trotz aller Probleme täglich neu auf die Arbeit einlassen.

Die Arbeit ins Gebet nehmen

Es ist zweifellos ein hohes Ziel, bei der Arbeit die Gebetshaltung zu bewahren und die Arbeit in der rechten inneren Haltung zu vollziehen. Sehr häufig werden aber die Schwierigkeiten der Arbeit, die Schwierigkeiten mit den Mitarbeitern und die Schwierigkeiten, die aus dem eigenen Charakter und Unvermögen kommen, ein solch ideales Verhalten erschweren oder gar unmöglich machen.

Deshalb braucht es dazu auch intensive Zeiten des Betens und Meditierens, in denen die rechte Haltung vor- oder nachbereitet wird. Es geht also nicht nur darum, für das gute Gelingen des Werkes zu beten, sondern die Arbeit selbst und die eigene Haltung bei der Beschäftigung in Ruhe vor dem Angesicht Gottes durchzubeten und so die Arbeit – im wahrsten Sinn des Wortes – ins Gebet zu nehmen.

Das Psalmengebet

Gut eignen sich dafür die langen Zeiten des gemeinsamen Psalmengebetes. In den Psalmen erlebe ich betend die bewegte Geschichte Israels und der alttestamentlichen Beter. Sie sprechen von der ganzen Breite des menschlichen Lebens, von seinen Höhen und Tiefen, und von der vielgestaltigen Geschichte der Menschen mit ihrem Gott. Beim Beten dieser Psalmen entdecke ich dort auch die Probleme, die mich und meine Zeit bewegen, Freud und Leid unserer Generation, unserer Lebensgemeinschaft und des eigenen persönlichen Lebens. Es geht nun nicht darum, meinen Alltag draußen zu lassen, sondern ihn in den Psalmen zu entdecken und vor Gott auszusprechen.

In den Psalmen finden wir unser ganzes Leben, wir finden unsere Freude am Erfolg, unsere Enttäuschungen, unsere Misserfolge, wir finden darin das Leiden an feindlich gesinnten Menschen, am Verrat der Freunde. Wir stoßen darin auf unsere Gefühle, auf Ärger und Zorn, auf Lustlosigkeit und Leere, auf Eifersucht und Hass und auf Liebe, Hoffnung und Vertrauen. Wenn ich am Abend nach vollbrachter Arbeit Psalmen bete, dann bete ich sie immer auf dem Hintergrund der Erfahrungen des heutigen Tages. Und ich spreche mit den Worten des Psalmes mein Leben aus, ich erzähle Gott meinen Tag in seinen eigenen Worten. Und damit ist der Tag mit seiner Arbeit schon hineingenommen in den Dialog mit Gott. Es ist kein reines Nachdenken und Analysieren, sondern ein Vor-Gott-zur-Sprache-Bringen in den Worten, die Gott selbst mir dazu schenkt, und in denen er selbst meinen Tag kommentiert.

In einem bemerkenswerten Artikel über das Psalmenbeten geht Eulogia Wurz ausführlich auf diesen Gedanken ein. Sie zitiert zunächst den heiligen Athanasius und kommentiert dann dieses Zitat:

》 *»So sollte ein jeder aus den Psalmen die Affekte und Stimmungen der Herzen kennenlernen und in ihnen zugleich für jeden Affekt Heilung und Besserung finden.« Denn alles in den Psalmen kreist um Gott; immer wieder wird in ihnen schaubar, wie die*

göttlichen Normen sich auswirken. Darum kann sich der Mensch in den Psalmen so urmenschlich benehmen, seine Zweifel und Aggressionen, seine stürmischen und lahmen Gefühle vor Gott ausbreiten: Dadurch, dass er sie vor Gott ausbreitet, sind sie schon der Heilung fähig, und im Jochpartner, in Jesus, ist das Heil gegenwärtig ...
Die Psalmen sprechen offen aus, was den Menschen bedrängt. Der Psalmist nimmt sich, wie er ist; aber er stellt sich, so wie er ist, vor Gott. Und so kann ihm Befreiung werden. Was man annimmt, kann verwandelt, was man bekennt, zum Segen werden. Und wer nicht mehr scheinen will, als was er ist: ein Mensch mit seiner Not –, der kann mehr werden, als er ist: ein Mensch in Gott.[51]

Oft entdecke ich nichts von dem, was ich erlebt habe, in den Psalmen. Im Gegenteil, ich bin noch voller Ärger über das, was heute schiefgelaufen ist. Und jetzt muss ich einen Lobpsalm singen, zu dem ich absolut nicht aufgelegt bin. Aber gerade diese Konfrontation mit dem Gegenteil meiner Stimmung kann heilsam sein. Ich kann meinen Ärger nicht einfach verdrängen und mich künstlich hochjubeln. Ich kann aber auch nicht mit zusammengebissenen Zähnen loben. Ich muss mich stellen. Was bedeutet, Gott loben angesichts meines Ärgers? Nehme ich mich und meinen Ärger nicht zu wichtig? Ist die Aufforderung zu loben nicht auch eine Aufforderung, von dem Kreisen um mich selbst zu lassen, mein Selbstmitleid aufzugeben und mich auf das Lob einzulassen, mich der Gemeinschaft der Lobenden anzuschließen und auf Gott zu schauen, der die Welt geschaffen hat und sie trägt, und der auch uns mit unseren kleinen Streitereien zu tragen vermag?

Die gebetete Lesung

Neben den Zeiten gemeinsamen Betens stehen bei Benedikt und den frühen Mönchen lange Zeiten des privaten Betens und Meditierens. Hier ist vor allem die Methode der *lectio*, der (geistlichen) Lesung, von Bedeutung. Gelesen wurde vor allem die Heilige Schrift, dann auch die Kirchen- und Mönchsväter. Es ging dabei nicht um ein einfaches Lesen, wie wir das gewohnt sind, sondern um ein betendes Lesen. Aus verschiedenen alten Mönchsquellen lässt sich folgende Methode der Lesung ersehen[52]: Man las zunächst im Sitzen ein Stück weit, bis ein Wort oder Satz die Seele anrührte. Dann stand man auf, warf sich zur Erde nieder und betete. Dieses Beten war eine spontane Antwort auf das, was soeben das Herz angerührt hatte. Anschließend setzte man sich wieder und las weiter, bis die Seele erneut angerührt wurde. Dann erhob man sich wieder, betete und setzte sich wieder zum Weiterlesen.

Diese Methode wird wahrscheinlich auch in der Regel Benedikts angedeutet, wenn es heißt:

> *Die heiligen Lesungen gerne hören.*
> *Sich häufig zum Gebet niederwerfen.*
> RB 4,55f

Wahrscheinlich sind hier nicht zwei getrennte Übungen gemeint, sondern das häufige Sich-Niederwerfen vollzieht sich während der Lesung. Eine ähnliche Formulierung findet sich auch im Brief 58,6 des hl. Hieronymus, wo er seinen Adressaten ermahnt:

> *Immer sei in deiner Hand eine heilige Lesung. Bete häufig und mit gebeugtem Körper richte deinen Geist zu Gott empor.*[53]

Es geht bei dieser Methode der *lectio* also nicht um das Nachdenken über interessante Stellen, sondern darum, dass der Lesende sich von Gott ansprechen lässt und betend auf das antwortet, was ihn angerührt hat. Häufig wird er dann gerade von solchen Stellen angerührt, die seine aktuelle Situation betreffen, das, was er gerade vorher erlebt hat, was ihm direkt bevorsteht oder ihn stimmungsmäßig besonders beschäftigt. Jean Leclercq schreibt dazu:

> *Gemäß einem Ausdruck des hl. Augustinus, der durch Vermittlung des heiligen Gregor das ganze Mittelalter durchzieht, ist die Bibel ein Spiegel: Der Leser soll sich dort wiedererkennen, prüfen, ob er dem entspricht, was sie ihm vor Augen stellt. Wenn dem nicht so ist, soll er sich bemühen, so zu werden. Der innere Meister richtet an jeden von uns eine persönliche und einmalige Botschaft, die außerhalb von uns ist, und die in der Bibel als Lesung für alle vorgelegt wird. Jeder muss sie auf sich persönlich anwenden und verinnerlichen.*[54]

Ist dem Leser nun im Spiegel der Heiligen Schrift seine eigene Situation bewusst geworden, so soll er nicht in Nachdenken oder gar Grübeln verfallen, sondern er soll das, was in seiner Seele aufsteigt, vor seinem Gott ausbreiten. Sobald er im Gebet alles ausgesprochen hat, soll er sofort wieder weiterlesen und das Wort Gottes zu sich sprechen lassen. So kann sich der Leser bzw. Beter nicht allzu lange der Richtung und Dynamik seiner eigenen Gefühle und Stimmungen überlassen, sondern er wird gezwungen, wieder von sich wegzuschauen, sich dem Wort Gottes zu stellen und *ihm* zu antworten. Man soll nicht zu lange an einem Stück lesen. Deshalb heißt es, man solle bei dieser Übung häufig beten, aber kurz[55]: Es soll ein ständiger Wechsel von Lesen und Beten, von Hören und Antworten sein. Damit ist am ehesten gewährleistet, dass das Gebet gesund bleibt. Johannes Cassian sagt dazu:

> » *Wir müssen häufig, aber kurz beten, damit nicht bei langer Dauer der hinterlistige Feind unserem Herzen etwas einsäen kann.*[56]

Je länger das Gebet dauert, desto größer ist die Gefahr, dass sich Ungutes und Unechtes einschleicht. Je kürzer das Gebet ist, desto mehr ist es spontane Reaktion auf das Wort Gottes und desto schneller kehrt der Beter auch wieder zu seinem »Spiegel« zurück, zur Heiligen Schrift als der Norm seines Lebens. Der stündliche Wechsel von Lesen und Beten garantiert ein gesundes Gleichgewicht von Objektivität und Spontaneität, von überzeitlich göttlicher Offenbarung und konkreter menschlicher Erfahrung; der Mensch darf sein und reagieren, wie er ist, aber er tut es im Horizont Gottes und seines Wortes.

Noch ein letzter Gesichtspunkt sei hier angefügt. Die Väter benutzten die Heilige Schrift als »lectio continua«, als fortlaufende Lesung, das heißt, sie wählten für ihre Lektüre nicht bestimmte Texte oder Bücher der Heiligen Schrift aus, sondern lasen einfach der Reihe nach die ganze Schrift und begannen schließlich wieder von vorne.[57] Das bedeutet, dass man sich seinen »Spiegel« nicht beliebig auswählt, sein Leben nicht ständig mit seinen Lieblingstexten konfrontiert, sondern immer mit der ganzen Schrift in Beziehung bringt. Das vermeidet nicht nur die Eintönigkeit, indem es ständig neue Abwechslung in den Texten bringt – und damit auch immer neue Aspekte in das Leben des Lesers –, sondern auf diese Weise wird der Leser immer wieder aus seinen eigenen Denkschemata herausgeholt und oft in überraschender Weise mit sich und Gott konfrontiert.

Es braucht viel Ausdauer und Mut, in dieser Weise beständig sein Leben mit der Schrift zu konfrontieren und spontan und ungeschminkt betend darauf zu reagieren. Aber nur so kann die Schrift in einer sehr persönlichen Weise durchgebetet und zu einer »gebeteten Lesung«[58] werden; zugleich wird dann im Lichte des Wortes Gottes das eigene Leben mit seinen Höhen und Tiefen tagtäglich durchgebetet und vor Gott ausgebreitet, dass er es annehme.

Voraus- und Nachmeditation

Eine weitere Möglichkeit, die Arbeit ins Gebet zu nehmen, ist die Voraus- oder Nachmeditation, die in gewisser Weise schon dem alten Mönchtum vertraut war.

In der *Vorausmeditation* stelle ich mich innerlich auf die Arbeit ein. Johannes Cassian berichtet, wie die Einsiedler in der Wüste sich bestimmte Situationen in der Phantasie vorstellten, um sich dann in der Realität so verhalten zu können, wie sie es vor Gott wünschten.[62] Ich stelle mir vor, was heute alles auf mich zukommt, mit welchen Menschen ich zusammenkomme, welche Besprechungen nötig sind und so weiter. Und dann bitte ich Gott um seinen Segen dafür. Ich übergebe ihm die Arbeit und die Menschen, denen ich begegne. Das entlastet mich von dem Druck, alles selbst leisten zu müssen, und von der Angst vor schwierigen Situationen, vor Besprechungen, in denen scheinbar unlösbare Probleme anstehen. Wenn ich morgens beim Aufstehen alle Gedanken, die mir über die heutige Arbeit durch den Kopf schießen, vor Gott hinhalte und ihn um seinen Segen bitte, dann überfordert mich die Arbeit nicht schon in aller Frühe, sondern ich kann ruhiger und gelassener an die Arbeit gehen. So ist gerade das Morgengebet die beste Möglichkeit für eine Vorausmeditation des kommenden Tages.

Eine Form der Vorausmeditation ist, dass ich mir konkret den Ort meiner Arbeit vorstelle und dann denke: dort in meinem Büro, an meinem Schreibtisch, in der Werkshalle, da ist Gott gegenwärtig. Ich werde in seiner Gegenwart arbeiten und mit den Menschen sprechen. Wie würde da die Arbeit ablaufen, wenn ich sie wirklich in Gottes Gegenwart verrichten würde? Wie wären meine Gebärden, wie mein Sprechen, woran würde ich tagsüber denken, was würde ich fühlen, wie wäre meine Grundstimmung, wie würde ich auf die Mitarbeiter reagieren? Das könnte mir helfen, die Arbeitsstätte nicht wie einen gottfremden Bereich zu betrachten, sondern als einen Ort, an dem ich mich von Gottes Gegenwart umgeben weiß.

Die Vorausmeditation arbeitet nicht über den Willen. Ich nehme mir also nicht vor, tagsüber immer an die Gegenwart Gottes zu denken. Das wäre eine Überforderung, die mich nur enttäuschen würde. Ich stelle mir vielmehr in der Phantasie vor, wie das wäre, wenn ich in der Gegenwart Gottes selbst gegenwärtig wäre. Ich träume mich in meine positiven Möglichkeiten hinein. In der Phantasie sehe ich dann, was in mir tatsächlich schon angelegt ist. In jedem steckt ja die Möglichkeit, ganz gegenwärtig zu sein, ganz in der Gegenwart Gottes offen für den Augenblick zu sein. Wenn ich das in der Phantasie schon einmal gesehen habe, brauche ich mich nur ab und zu mal in der Realität daran zu erinnern. Dann kann ich das Gesehene zulassen, ich lasse dann meine positiven Möglichkeiten zu. Das wird nicht in allen Situationen helfen. Ich werde mich auch weiterhin öfter von der Hektik anstecken lassen. Aber es würde schon genügen, wenn mir das in der Phantasie Vorgestellte ab und zu einmal einfallen würde, und wenn ich dann zum Beispiel einem Mitmenschen gegenüber das Verhalten zulassen könnte, das ich mir in meiner Imagination ausgemalt habe.

In der Vorausmeditation sollten wir vor allem für unsere Mitarbeiter beten. Das macht uns ihnen gegenüber aufgeschlossener und wohlwollender und hilft uns, ihnen nicht mit Antipathie oder Aggressionen, sondern offen und ohne Vorurteile zu begegnen. Das Gebet für die Mitarbeiter kann das Betriebsklima verbessern. Ein Beispiel, wie das Gebet die Atmosphäre bei der Arbeit positiv beeinflussen kann, ist das Verhalten von Starez Siluan. Siluan war Mönch auf dem Berg Athos. Viele Jahre hindurch war er Ökonom und hatte über 200 Arbeiter zu beaufsichtigen. Von Siluan wird erzählt:

> *Wenn er morgens durch die Werkstätten ging, gab er den älteren Vorarbeitern die nötigen Anweisungen. Dann ging er in seine Zelle, für alle Menschen zu beten. Sein Herz litt, denn er hatte Mitleid mit jedem Arbeiter ... In der Stille betete der Starez für Gottes Volk, und die Arbeiter fühlten es und liebten ihn. Er drängte sie nie zur Arbeit, trieb sie nicht an, aber sie fühlten seine liebende Fürsorge, und darum arbeiteten sie frohen Mutes und fleißiger als bei den anderen Ökonomen. Diese achteten vor allem auf die Interessen des Klosters; und wem wäre nicht bekannt, dass man den Menschen leicht vergisst, wenn die Sorge um Interessen hinzukommt.[60]*

Das Gebet für die Mitarbeiter erzeugte eine gesunde Arbeitsatmosphäre. Jeder fühlte sich angenommen und geliebt, und so arbeitete er mehr als anderswo, wo er nur kontrolliert und ständig zur Arbeit angetrieben wurde. Die Mitarbeiter spüren, wenn man für sie betet, wenn man im Gebet für sie seine eigenen Reaktionen und Emotionen besser durchschaut und positive Gefühle ihnen gegenüber in sich entwickelt.

Besonders vor schwierigen Situationen sollten wir für unsere Mitarbeiter beten, etwa vor einer Besprechung. Das Gebet nimmt uns die Angst, den Druck, unsere Meinung durchsetzen zu müssen und es lässt uns an die gute Absicht der Gesprächsteilnehmer glauben. Wir werden wacher unseren eigenen Emotionen gegenüber, können unsere gereizte Stimmung abbauen und so zu einer positiven Atmosphäre beitragen.

Das Gebet lässt uns darauf vertrauen, dass Gott auch in unserer so rein weltlich erscheinenden Besprechung anwesend ist, und dass er durch jeden Mitarbeiter sprechen und uns die beste Lösung zeigen kann, oder wie es Benedikt in seiner Regel ausdrückt, dass Gott

》 *oft einem Jüngeren eingibt, was besser ist.*
RB 3,3

Eine solche Haltung ermöglicht ein sachliches Gespräch, ein vorurteils- und angstfreies Hören aufeinander und wird so zu effektiveren und sachgerechteren Ergebnissen führen als diplomatisches Taktieren, Spielen mit verdeckten Karten und anderen Tricks, mit denen wir unsere eigene Meinung oft durchzusetzen versuchen.

In der *Nachmeditation* gehe ich die Arbeit des vergangenen Tages noch einmal durch. Ich kann mich still vor Gott hinsetzen und alles Revue passieren lassen, was war: die Arbeit, die Gespräche, Menschen, die mir begegnet, Konflikte, die aufgetaucht sind, meine Reaktionen, meine Gedanken, meine Gefühle und Stimmungen. Ich breite das alles in der Stille vor Gott aus, versuche, es ihm hinzuhalten, dass er den Tag mit seinen guten Seiten und mit seinem Versagen annimmt, dass er vergibt, was verkehrt war, dass er heilt, was in mir verwundet ist oder was ich bei anderen verwundet habe. In diesem stillen Beten wird alles auftauchen, was mich während des Tages stark bewegt hat, wozu ich aber keine Zeit fand, es zu verarbeiten.

Für Abba Neilos hat das Gebet die Funktion, uns an alles zu erinnern, was in unserem Verhalten tagsüber verkehrt war. Er sagt einmal:

» *Alles, was du aus Rache an einem Bruder tust, der dir Unrecht getan hat, kommt zur Zeit des Gebetes in dein Herz.*
APOPHTHEGMATA 546

Das Gebet nach der Arbeit wird in uns alles hochkommen lassen, worin unser Gewissen uns anklagt. Es konfrontiert uns mit uns selbst. Gott zeigt uns im Gebet, wie unsere Arbeit vor ihm aussieht und als wer wir selbst in ihr vor ihm erscheinen:

Die Nachmeditation macht die Arbeit selbst zum Thema des Gebetes. Das entspricht dem Gebetsverständnis der alten Mönche, für die das Gebet uns zu einer immer tieferen Selbsterkenntnis führen soll, indem es uns aufdeckt, was unsere Arbeit, unser alltäglicher Umgang mit den Menschen über unser Inneres aussagt. In diesem Sinn sagt ein Altvater vom Gebet:

> *Wenn sich ein Mensch in seinem Gebet nicht an seine Handlungen erinnert, bemüht er sich mit seinem Beten ins Leere.*[61]
> APOPHTHEGMATA 1125

Je nach meiner inneren Situation werden manche Dinge in der Nachmeditation immer wieder auftauchen und mich beschäftigen. Vielleicht ist es ein Mitarbeiter, der mir ständig auf die Nerven geht, der mich schon aufregt, wenn er mein Zimmer betritt; jemand, an dem mich einfach alles stört: sein Auftreten, sein Sprechen, seine Gebärden, sein Gang, seine Lebenseinstellung. Wenn ich meine Beziehung zu ihm im Gebet vor Gott ausbreite, dann kann sich in mir etwas klären. Ich werde erkennen, warum ich mich ausgerechnet über ihn so ärgere. Das muss ja auch in mir seinen Grund haben. Vielleicht erinnert er mich an meine eigenen Fehler oder zumindest an meine schwachen und empfindlichen Stellen, an denen ich mich selbst noch nicht angenommen habe, an meine Wunden und Kränkungen, die ich nur mühsam heruntergeschluckt und dann verdrängt habe, die aber unter der Oberfläche weiterschwären. Wenn ich die Beziehung zu meinem Mitarbeiter vor Gott durchgehe, dann kann ich nicht einfach an meinem Ärger oder an meiner Eifersucht hängenbleiben. Ich kann vor Gott nicht auf ihn weiterschimpfen, sondern ich stelle mich mit meinem Ärger vor Gott, damit er mir zeigt, was in mir der Grund für meine Aggressionen ist, wo meine Reaktion übertrieben ist, und was ich denn eigentlich am anderen so ablehne. So ein Gebet kann Klarheit in meine eigenen Emotionen bringen. Es kann mir aber auch helfen, meinen Mitarbeiter besser zu verstehen. Ich kann ihn selbst vor Gott durchmeditieren, mir vorstellen, worunter er leidet, wonach er sich im Innersten sehnt und was er braucht. Dann stoße ich durch die Oberfläche seines störenden Verhaltens hindurch und beginne, etwas von seinem Wesen zu verstehen und anzunehmen. Und vielleicht gelingt es mir, sogar daran zu glauben, dass in ihm auch Christus ist, und dass Christus in ihm Gestalt gewinnen möchte.

Ein andermal werden mir im Gebet immer wieder die gleichen negativen Gefühle hochkommen: Ärger, Unzufriedenheit, Missmut, Lustlosigkeit. Mir ist alles zu viel. Ich fühle mich ausgenützt, die Arbeit macht mir keine Freude mehr. Ich möchte am liebsten alles hinwerfen. Wenn ich im Gebet all diese Gefühle vor Gott ausbreite, dann werden hinter diesen Gefühlen innere Fehlhaltungen und vielleicht auch meine Grundeinstellung Gott gegenüber zum Vorschein kommen. Wenn ich ständig missmutig arbeite, dann hat das sicher nicht nur in der Art meiner Arbeit seinen Grund, sondern auch in mir. Vielleicht kann ich einfach nicht ja zu meiner Arbeit sagen. Ich halte mich für zu gut dafür, oder ich fühle mich benachteiligt, zurückgesetzt, nicht genügend beachtet. Oder ich trauere meinen eigenen Wunschvorstellungen nach und registriere verdrossen, dass sie nicht erreichbar sind, ich kann mich mit meiner Arbeit nicht aussöhnen, suche die Schuld bei den anderen, beim Chef, der mir diese Arbeit zugeteilt hat, und letztlich vielleicht bei Gott selbst, dem ich es nicht verzeihen kann, dass er mir diese Arbeit zumutet, wo ich doch für eine viel bessere geschaffen bin, der mir solche Mitarbeiter zur Seite stellt, wo ich doch weit bessere verdient hätte.

Ein Gefühl, das viele Menschen bei der Arbeit kennen, ist das Gefühl des Überfordertseins, der Erschöpfung, der Müdigkeit. Wir meinen, das ist einfach das Ergebnis der Arbeit. Wer viel arbeitet, der wird müde und erschöpft. Doch das stimmt nur teilweise. Zu einem großen Teil hängt es auch an unserer subjektiven Einstellung, wie weit wir uns von der Arbeit erschöpfen lassen. Aus Erfahrung wissen wir, dass der, dem die Arbeit Spaß macht, ohne Ermüdung mehr arbeiten kann als einer, der schon lustlos an die Arbeit geht und sich selbst bemitleidet, wie schwer die Arbeit sei, oder auch als der, der verbissen arbeitet, verkrampft auf seine Leistung und den Erfolg schaut.

Henri Nouwen hat noch einen anderen Grund für seine Erschöpfung bei der Arbeit entdeckt. Er sprach einmal mit dem Abt John Eudes über seine Erfahrung, dass ihn Vorträge und Gespräche mit Patienten sehr ermüden. Da deckt ihm der Abt die Gründe auf: Er stecke zu viel Energie in jede Begegnung mit Menschen, in jeden Vortrag, gleichsam als müsse er jedes Mal von neuem beweisen, dass er es wert sei, dass ihm die Leute zuhören, dass sich der Patient ihm anvertraut.

》 *Sie setzen Ihre ganze Identität aufs Spiel und fangen jedes Mal wieder am Nullpunkt an. Da werden Gebet und Meditation sehr wichtig, denn darin finden Sie Ihre tiefste Identität, und das bewahrt Sie davor, jedes Mal wenn Sie mit anderen Menschen zusammenarbeiten, Ihr ganzes Wesen aufs Spiel zu setzen.*[62]

Weil wir in unserer Arbeit ständig unserer Identität und unserer Selbstbestätigung nachlaufen, darum überfordert sie uns. Wenn wir sie einfach täten als unsere Aufgabe, als Arbeit um des Dienstes willen, nicht um unserer Anerkennung willen, dann wären wir weniger verkrampft und verbissen und würden genauso viel oder gar mehr und effektiver arbeiten können. Wir wollen zu viel erreichen mit unserer Arbeit, was gar nicht im Sinn der Arbeit liegt: wir wollen die Anerkennung durch die anderen, wir wollen gelobt und beachtet werden, wir wollen uns selbst beweisen, dass wir etwas können, dass unsere Arbeit etwas wert ist.

Nouwen nennt das Nebenabsichten. Und diese Nebenabsichten verschlingen viel Energie. Natürlich sollten wir uns bei unserer Arbeit voll engagieren. Wenn ich einen Vortrag halte, muss ich mich wirklich auf die Menschen einlassen, aber ich muss es aufgeben, ihnen beweisen zu wollen, dass ich es wert bin, dass sie mir zuhören. Dann spreche ich nicht aus der inneren Quelle des Heiligen Geistes, sondern aus der trüben Quelle meines Ehrgeizes. Und die trübe Quelle führt zur Erschöpfung. Ich darf nicht um jeden Preis Erfolg anstreben. Ich muss sagen, was zu sagen ist. Die Reaktion der Zuhörer ist ihre Sache. Da darf ich nicht unbedingt eine positive Reaktion erzwingen wollen und das Thema so manipulieren, dass es meiner Suche nach Erfolg zu dienen hat.

Nouwen hat zusammen mit dem Abt noch ein anderes Gefühl analysiert, das ihn bei der Arbeit in der Bäckerei des Klosters öfter überfiel: das Gefühl der Eintönigkeit und Stumpfsinnigkeit, das ihn überkommt, wenn er am Fließband Brot für Brot mit einem Aufkleber versieht. Als er mit John Eudes darüber spricht, sagt der, dass gerade diese Art der Arbeit ihm Gelegenheit gebe, ganz tief seine Beziehungslosigkeit zu erfahren, seine Entfremdung gegenüber der Welt, gegenüber sich selbst.

Und Nouwen entdeckt: Wenn ich etwas schreibe, wenn ich einen Vortrag halte, kann ich immer auch die Dinge manipulieren, ich kann meine Wünsche und mein Streben nach Anerkennung in die Arbeit hineinlegen. Bei so einfachen Arbeiten wie der Fließbandarbeit kann ich nichts manipulieren. Ich bin einfach mit einer Aufgabe konfrontiert. Und gerade das kann eine Hilfe sein, meine tiefe Entfremdung zu entdecken. Nouwen schreibt:

> *Wenn ich mich wirklich mit meiner Welt verbunden fühlen würde, wenn ich tatsächlich ein Teil von ihr wäre, würde ich mich nicht über Stumpfsinn und Langeweile beklagen.*[63]

Wir sollten unser Jammern über stumpfsinnige Arbeit untersuchen. Liegt es wirklich an der Sinnlosigkeit? Oder liegt es daran, dass wir hier nichts mehr interessant machen können, sondern einfach mit einer Aufgabe konfrontiert sind, einer Arbeit, der wir uns unterwerfen, ohne uns selbst in den Mittelpunkt stellen zu können. Man kann so einfache Arbeiten wie das Einstecken von Prospekten langweilig finden, oder man kann sie dadurch interessant machen, dass man einen neuen Rekord aufstellen will, in beiden Fällen macht es unruhig und zerstreut. Man kann so eine Arbeit aber auch einfach tun, als ob es jetzt nichts Wichtigeres gäbe, man überlässt sich der Arbeit und spürt, dass sie beruhigt, dass man dabei beten kann. Nouwen schreibt über unsere Sucht nach interessanten Arbeiten und über unser Beiseiteschieben von Routinearbeiten:

> *Die Handarbeit reißt tatsächlich die Maske von meinen Illusionen. Sie zeigt, wie ich ständig Ausschau halte nach interessanten, aufregenden und ablenkenden Tätigkeiten, um meinen Geist ständig beschäftigt zu halten, damit ihm die Kon-*

frontation mit meiner Nacktheit, Machtlosigkeit, Sterblichkeit und Schwäche erspart bleibt. Eine stumpfsinnige Arbeit deckt schließlich auch meine fundamentale Schutzlosigkeit auf und macht mich verwundbarer. Ich hoffe und bete, dass diese neue Verwundbarkeit mich nicht ängstlich oder zornig, sondern im Gegenteil offen für die Gaben der Gnade Gottes werden lässt.[64]

Die Nachmeditation der Arbeit wird mich zu einer immer besseren Selbsterkenntnis führen, und sie wird mich für Gottes Sprechen mitten in meinem Leben hellhörig machen. Sie hat aber noch eine andere positive Funktion. Sie entlastet mich von meiner Arbeit. Sie hilft mir, die Arbeit loszulassen. Wenn ich meine Arbeit vor Gott noch einmal durchgehe, dann verarbeite ich sie, ich setze mich damit auseinander, nehme vor Gott an, was war, und werde so fähig, die Arbeit dann auch wirklich loszulassen, von ihr frei zu werden, um ganz offen zu sein für das, was mich daheim erwartet. Viele Menschen leiden heute darunter, dass sie von ihrer Arbeit nicht loskommen. Sie können nicht abschalten. Die Arbeit verfolgt sie auch noch daheim, sie sind noch so besetzt von den Erlebnissen und Problemen, die bei der Arbeit auf sie eingestürmt sind, dass sie unfähig sind, sich für die Familie zu öffnen. Sie grübeln darüber nach, ob sie etwas falsch gemacht haben, wie sie eigentlich hätten reagieren oder entscheiden sollen, was wohl die Mitarbeiter jetzt von ihnen denken und welche Folgen ihre Entscheidungen haben.

Wenn wir unsere Arbeit im Gebet vor Gott hinstellen, mit unseren Entscheidungen und Reaktionen, mit unseren Fehlern und Unterlassungen, dann können wir vor Gott ja dazu sagen. Wir nehmen unsere Arbeit vor Gott an, so wie sie war, und übergeben sie ihm. Wir übergeben ihm das Urteil darüber. Wir machen uns keine Selbstvorwürfe, zerfleischen uns nicht mit Schuldgefühlen, wir grübeln auch nicht darüber nach, was die anderen jetzt von uns denken, ob sie unsere Fehler oder unsere guten Leistungen auch gesehen und beachtet haben. Und wir verzichten darauf, uns über die Folgen unserer Entscheidungen gedanklich zu zermürben.

Wir übergeben unsere Arbeit Gott, wir vertrauen darauf, dass er sie annimmt, wie sie war, dass er vergibt, was verkehrt war, und dass er alles zum Besten führen kann. Wir loben uns nicht selbst, wo uns etwas gelungen ist, sondern übergeben auch das Gott und danken ihm für das, was er durch uns getan hat. Wir söhnen uns im Gebet aus mit dem, was wird, und werden so offen für das, was kommt. Wir lassen unsere Arbeit los, werden frei von ihr und können so wach und gegenwärtig uns auf das einlassen, was jetzt wichtig ist, auf die Familie daheim, auf die Menschen, die uns erwarten, auf die Stille, auf ein Buch, auf das Gebet.

Vielleicht hat es den Anschein, als ob das Beten ein Allheilmittel für unsere täglichen Probleme wäre. Doch die Erfahrung zeigt, dass vieles bei unserer Arbeit und in unserem Alltag auch durch Beten nicht besser wird. Was macht man dann? Muss man sich dann vorwerfen, dass das Beten noch zu schwach ist? Nein, oft genug lassen sich Probleme auch durch Beten nicht lösen. Sie müssen einfach durchgetragen werden. Und es kann sein, dass ich trotz aller Bemühungen, für einen Mitmenschen zu beten, nicht mit ihm auskomme, ja dass sich das Verhältnis eher zu verschlechtern scheint. Alles Durchbeten, alles Analysieren meiner Beziehung zu ihm vor Gott hat nichts genützt. Da bleibt mir nichts anderes übrig, als die Situation betend anzunehmen und auszuhalten, geduldig, ohne den Leistungsdruck, dass sich durch mein Beten doch etwas ändern müsste. Vielleicht will Gott, dass sich da nichts ändert, dass das mein Pfahl im Fleisch ist, der mich für seine Gnade aufbricht. Das ist die Erfahrung, die Benedikt beschreibt, wenn der Mönch sich auf der siebten Stufe der Demut vorsagt:

» *Wie ein Lasttier bin ich vor dir geworden und bin doch immer bei dir.*

RB 7,50

Vielleicht hilft einem zur Bewältigung so einer unlösbaren Situation die Vorstellung: Gott mutet mir diesen Mitmenschen, diese Arbeit, diese Situation zu. Und ich bin damit einverstanden, selbst wenn sich vierzig Jahre hindurch nichts ändern sollte. Erst wenn ich diese Vorstellung aushalten kann, habe ich mich dem Willen Gottes ergeben. Und vielleicht kann sich erst dann etwas zum Positiven hin verändern.

Ein älterer Mitbruder erzählte aus seinem Leben, wie vielen Schwierigkeiten er begegnet sei, wie die Oberen den Gehorsam manchmal überstrapaziert und wie Mitbrüder ihn oft unfair behandelt hätten. Auf die Frage, wie er denn damit fertig geworden sei, und wie er vor allem seinen Humor dabei behalten habe, antwortete er: »Da hilft nur Beten.« Auf die Nachfrage hin, was er denn gebetet habe, erwiderte er: »Den schmerzhaften Rosenkranz mit den Gesätzen ›der für uns Blut geschwitzt hat‹ und ›der für uns gekreuzigt worden ist‹. Das genügt.« Die ständige jahrelange Meditation von Gethsemane und Golgatha hat den älteren Mitbruder befähigt, mit schwierigen Situationen fertig zu werden, daran nicht zu zerbrechen, sondern innerlich ruhig und heiter zu bleiben. Oft hilft uns das Analysieren im Gebet nicht weiter. Es bleibt uns nichts anderes übrig, als unsere Situation im Weg Jesu wiederzufinden und aus der Meditation des Kreuzweges oder des schmerzhaften Rosenkranzes die Kraft zu finden, sie auszuhalten und durchzustehen. Wenn wir dann eine unlösbare Situation im Gebet immer wieder annehmen und durchtragen – in einer Art Voraus- und Nachmeditation anhand des Kreuzweges oder des Rosenkranzes –, dann wird sie sich zwar äußerlich nicht ändern, sich aber doch in ihrem Kern verwandeln, weil wir in ihr Christus begegnen.

Vielleicht müssen wir jahrelang mit einem Problem umgehen, das sich nicht lösen lässt. Manche Beziehungen zwischen Menschen sind oft so verfahren, dass sie sich nicht lösen lassen. Und es ist beim besten Willen nicht möglich, eine untragbare Arbeitssituation zu ändern. Vielleicht müssen wir jahrelang den Kreuzweg beten, um damit fertig werden zu können. Oder wir müssen immer wieder das gleiche Schriftwort meditieren, das gleiche Stoßgebet verrichten, um langsam in die Haltung Jesu hineinzuwachsen, der unser Leben mit seinen Problemen auch nicht gelöst, sondern durchlitten und gerade dadurch erlöst hat.

Zum Abschluss

»Ora et labora«, das ist nicht nur eine quantitative Kennzeichnung des benediktinischen Lebens, das eben neben dem Gebet die vielfältigsten Arbeiten einschließt. Es ist vielmehr ein geistliches Programm, ein Weg, Gott mitten in mein Leben hineinzulassen und ihm mitten im Alltag zu begegnen. Die Lebensregel des »bete und arbeite« ist eine Hilfe, meinen Alltag geistlich zu bewältigen und in ihm den Ort zu erkennen, an dem mich Gott am meisten herausfordert und an dem sich entscheidet, ob ich mich und mein Leben für mich behalten oder aber ihm übergeben und zurückschenken möchte.

Die Arbeit, der Alltag ist nicht das Gottfremde, sondern ein geistlicher Ort, an dem wir Liebe, Geduld, Selbstlosigkeit, Ehrfurcht, Gehorsam und Offenheit Gott und den Menschen gegenüber einüben können. Gotteserfahrung ist nicht denen vorbehalten, die sich ganz aus der Welt zurückgezogen haben, sondern sie ist für jeden möglich, auch mitten im Trubel des Alltags.

»Ora et labora« ist eine christliche Lebensregel, da sie die Menschwerdung Gottes ernst nimmt. Gott ist im Fleisch erschienen, und er erscheint uns heute immer wieder im Fleisch, in unserem eigenen Fleisch, im Fleisch unserer Umwelt, unserer Arbeit, unseres Alltags. Das Fleisch scheint uns Gott oft eher zu verhüllen. Die Regel des »bete und arbeite« will uns hellsichtig machen, damit wir Gott im Fleisch unseres Alltags erkennen und ihn dort berühren, wo er uns Tag für Tag entgegentritt.

Auch wenn einige Lebensregeln, die der hl. Benedikt für seine Mönche aufgestellt hat, nicht ohne weiteres auf das Leben in der heutigen Welt zu übertragen sind, so kann doch seine Devise des »ora et labora« auch für den Menschen von heute einen Weg aufzeigen, wie er seine Arbeit geistlich bewältigen kann. Die geistliche Durchdringung der Arbeit ist dabei nicht etwas, das er zusätzlich zur Arbeit auch noch zu leisten hat. Vielmehr wird sie seiner Arbeit einen anderen Geschmack verleihen. Wenn das Gebet den Menschen immer wieder an seine innere Quelle anschließt, dann wird er aus dieser Quelle heraus anders arbeiten, weniger angestrengt, kreativer und phantasievoller. Seine Arbeit wird eine andere Ausstrahlung haben als die des verbissenen Leistungsbesessenen. Seine Arbeit wird Ausdruck seiner inneren Lebendigkeit werden. Sie wird ihm bei aller Anstrengung Freude bereiten. Und sie wird fruchtbar werden.

Heute stellen manche Firmen bewusst Arbeitssüchtige als Führungskräfte ein. Sie meinen, sie würden sich damit einen Dienst erweisen und die Arbeitskraft des Arbeitssüchtigen für sich ausnutzen. Doch sie schneiden sich ins eigene Fleisch. Denn der Arbeitssüchtige arbeitet zwar viel, aber es kommt meistens nichts dabei heraus. Er braucht die Arbeit, um sich zu bestätigen. Er muss immer etwas zu tun haben. Aber er hat keine Zeit für kreative Augenblicke. Bei ihm fließt die Arbeit nicht. Vielmehr versteckt sich der Süchtige hinter seiner Arbeit.

Die benediktinische Devise befreit uns von dem Zwang, uns in unserer Arbeit beweisen oder uns hinter unserer Arbeit verstecken zu müssen. Sie befähigt uns vielmehr, aus der inneren Quelle des Heiligen Geistes heraus zu arbeiten. Ob wir aus dieser inneren Quelle heraus arbeiten, das zeigt sich an den Früchten. Schon Jesus sagt:

》 *An ihren Früchten werdet ihr sie erkennen.*
MATTHÄUS 7,16

Die Arbeit, die aus der Quelle des Heiligen Geistes strömt, wird Wachstum erzeugen, Lebendigkeit, Phantasie, Kreativität. Um so einen Menschen herum blüht etwas auf.

So wünschen wir den Leserinnen und Lesern, dass sie durch die Auseinandersetzung mit der Weisheit des heiligen Benedikt und den Erfahrungen der vielen Mönche, die versuchen, danach zu leben, auch für sich, in dieser Welt der immer größeren Arbeitsanforderungen, einen Weg zur inneren Quelle des Heiligen Geistes finden.

Das Gebet ist der Weg zu dieser Quelle. Es gibt unserer Arbeit einen neuen Geschmack und eine neue Fruchtbarkeit. Und die brauchen wir gerade in unserer Zeit, in der so viel gearbeitet wird, aber so wenig Fruchtbarkeit entsteht.

Anmerkungen

1 Albert Görres, Wege und Hindernisse der Meditation: Meditation im Religionsunterricht, herausgegeben von Albert Biesinger, Düsseldorf 1981, S. 59.

2 Die mit »RB« angegebenen Zahlen im Text beziehen sich auf diese Ausgabe der Regel des hl. Benedikt: Georg Holzherr, Die Benediktsregel, Einsiedeln 1980.

3 Vgl. Georg Holzherr, Die Benediktsregel, Eine Anleitung zu christlichem Leben, Einsiedeln 1980, S. 236.

4 Die Vätersprüche werden, wenn nicht anders vermerkt, zitiert mit Nummer des Apophthegmas aus: Apophthegmata Patrum (Teil I): Das Alphabetikon, übersetzt und kommentiert von Erich Schweitzer (Weisungen der Väter, 14), Beuron 2012. Der Abdruck erfolgt mit freundlicher Genehmigung des Beuroner Kunstverlages, *www.klosterkunst.de*

5 Johannes Cassian, Collationes patrum, Unterredung 24, S. 11; inzwischen ist eine aktuelle Neuübersetzung der Unterredungen erschienen: Johannes Cassian, Unterredungen mit den Vätern (Collationes patrum), übersetzt und herausgegeben von Gabriele Ziegler, Quellen der Spiritualität Band 5 (Teil 1: Collationes 1–10), Band 9 (Teil 2:

Collationes 11–17) und Band 12 (Teil 3: Collationes 18–24), Münsterschwarzach 2011–2015.

6   Tyrannius Rufinus, Mönchsgeschichten. Kleine historische Monographien, herausgegeben von N. Howorka, Wien 1930, S. 97f.

7   Vgl. Epistola Domini Willelmi ad fratres de monte dei 86, Sources chretienne Nr. 223, S. 210: »Die harte Arbeit auf dem Feld führt nicht nur zu einer starken Erschöpfung des Körpers, sondern ermüdet und demütigt dadurch auch das Herz; und das Gewicht der körperlichen Ermüdung bringt dann oft ein Gefühl intensiverer Frömmigkeit hervor. Dieses Phänomen lässt sich auch häufig beim Fasten, bei den Nachtwachen und bei allen Arbeiten beobachten, die eine Ermüdung des Körpers mit sich bringen.«

8   Erhart Kästner, Die Stundentrommel vom Heiligen Berg Athos, Wiesbaden 1956, S. 31f, 43, 78.

9   Leben des Pachomius, übersetzt von Hans Mertel, München 1917, S. 845.

10 Patrologia Latina 202, S. 1126.

11 Johannes Cassian, Über die Einrichtung der Klöster, übersetzt von Karl Kohlhund, Kempten 1879, S. 40.

12 Das Makariuskloster in der sketischen Wüste: Erbe und Auftrag 55 (1979), S. 374.

13 Vgl. Les sentences des peres du desert, nouveau recueil, herausgegeben von L. Regnault, Solesmes, 2. Auflage 1977, S. 287; Eth Coll 13,1.

14 William Johnston, Klang der Stille. Meditation in Medizin und Mystik, Mainz 1978, S. 90.

15 Johnston, Klang der Stille, S. 91.

16 Roger Schutz, Die Regel von Taizé, Gütersloh 1963, S. 31.

17 Vgl. Adalbert von Vogüe, La Regle de Saint Benoit, Tome V, Paris 1971, S. 595 und Tome VII, Paris 1977, S. 339.

18 Johannes Frei, Die Stellung des alten Mönchtums zur Arbeit: Erbe und Auftrag 53 (1977), S. 336.

19 Henri J. M. Nouwen, Ich hörte auf die Stille, Freiburg im Breisgau 1978, S. 129–131.

20 Thomas Merton, Schweigen im Himmel, Wiesbaden 1957, S. 45.

21 Jean-Francois Six, Beten in der Nacht des Glaubens, Freiburg im Breisgau 1972, S. 16.

22 Albert Peyriguere, Von Christus ergriffen. Luzern 1971, S. 34.

23 Gregor der Große, 2. Buch der Dialoge II, 1., Bibliothek der Kirchenväter Bd. 2, München 1933.

24 Vgl. Holzherr, Benediktsregel, S. 75.

25 Basilius Steidle, Vom Mut zum ganzen Psalm 137: Erbe und Auftrag 50 (1974), S. 21–36.

26 Vgl. Fidelis Ruppert, Meditatio–Ruminatio. Zu einem Grundbegriff christlicher Meditation: Erbe und Auftrag 53 (1977), S. 83–93.

27 Cassian, Unterredung 10.

28 Vgl. Aufrichtige Erzählungen eines russischen Pilgers, herausgegeben von Emmanuel Jungclausen, Freiburg im Breisgau, 2. Aufl. 1975; Das immerwährende Herzensgebet. Russische Originaltexte, zusammengestellt und übersetzt von Alla Selawry, Weilheim, 3. Aufl. 1976.

29 Jo Carr und Imogene Sorley, Herr, segne dieses Chaos. Stoßgebete für Hausfrauen, Stuttgart 1975, S. 7.

30 Kleine Philokalie, ausgewählt und übersetzt von Mathias Dietz, Einsiedeln 1976, S. 43.

31 Karlfried Graf Dürckheim, Der Alltag als Übung. Vom Weg zur Verwandlung, Bern, 4. Aufl. 1972, S. 16.

32 Dürckheim, Der Alltag als Übung, S. 17.

33 Vgl. Friedrich Prinz, Mönchtum und Arbeitsethos: Askese und Kultur, München 1980, S. 68–74.

34 Hans Urs von Balthasar, Die großen Ordensregeln, Einsiedeln 1961, S. 170.

35 Vgl. Fidelis Ruppert, Das pachomianische Mönchtum und die Anfänge klösterlichen Gehorsams (Münsterschwarzacher Studien, Band 20), Münsterschwarzach 1971, S. 428–463.

36 Vgl. Holzherr, Benediktsregel, S. 322.

37 Les Sentences, Bu II 334.

38 Martin Buber, Die Erzählungen der Chassidim, Zürich 1949, S. 224.

39 Vgl. Holzherr, Benediktsregel, S. 167.

40 Vgl. Gregor der Große, 2. Buch der Dialoge II,2.

41 Vgl. Fidelis Ruppert und Anselm Grün, Christus im Bruder. Benediktinische Nächsten- und Feindesliebe (Münsterschwarzacher Kleinschriften, Band 3), Münsterschwarzach, 8. Aufl. 2019.

42 Balthasar, Die großen Ordensregeln, S. 166.

43 Sermo 49,5. Patrologia Latina 38, S. 323.

44 Bibliothek der Kirchenväter, Kempten 1914, Bd. 2, S. 309.

45 Zitiert nach Gisbert Kranz, Augustinus, Augsburg 1967, S. 93.

46 Vgl. Ruppert/Grün, Christus im Bruder, S. 19–23; 29f.

47 Kleine Philokalie, S. 69.

48 Roger Schutz, Aufbruch ins Ungeahnte, Freiburg im Breisgau 1977, S. 41f.

49 Schutz, Aufbruch ins Ungeahnte, S. 103.

50 Nouwen, Ich hörte auf die Stille, S. 99.

51 E. Wurz, Der Yoga des Psalters: Yoga heute, herausgegeben von U. von Mangoldt, Weilheim 1971, S. 90f, 96.

52 Vgl. Adalbert de Vogüé, Orationi frequenter incumbere. Une invitation a la priere continuelle. Revue d'Ascétique et de Mystique 41 (1965), S. 468f.

53 Vogüe, Orationi frequenter incumbere, S. 468f.

54 Jean Leclercq, Leerure priante: La Liturgie et les paradoxes chretiens, Paris 1963, S. 149.

55 Vogüe, Orationi frequenter incumbere, S. 471.

56 Johannes Cassian, Das Glutgebet, herausgegeben von Emmanuel von Severus, Düsseldorf 1966, S. 64.

57 Vgl. Leclercq, Leerure priante, S. 250–253.

58 Leclercq, Leerure priante, S. 255.

59 Vgl. Cassian, Unterredung 19,14; und: Anselm Grün, Gebet und Selbsterkenntnis (Münsterschwarzacher Kleinschriften, Band 1), Münsterschwarzach, 16. Aufl. 2023, S. 26f.

60 Anselm Grün, Starez Siluan. Leben aus dem Geist, München 1980, S. 11f.

61 Dieser Väterspruch ist zitiert nach: Weisung der Väter. Apophthegmata Patrum, eingeleitet und übersetzt von Bonifaz Miller, Freiburg im Breisgau, 8. Aufl. 2009.

62 Nouwen, Ich hörte auf die Stille, S. 156f.

63 Nouwen, Ich hörte auf die Stille, S. 120f.

64 Nouwen, Ich hörte auf die Stille, S. 121.

**Bibliografische Information
der Deutschen Nationalbibliothek**

Die Deutsche Nationalbibliothek verzeichnet diese Publikation in der Deutschen Nationalbibliografie. Detaillierte bibliografische Daten sind im Internet über http://dnb.d-nb.de abrufbar.

1. Auflage 2024
© Vier-Türme GmbH, Verlag, Münsterschwarzach 2024
Alle Rechte vorbehalten

Überarbeitete Neuausgabe der 1982 unter gleichem Titel erschienenen »Münsterschwarzacher Kleinschrift« (Band 17).

Gestaltung: Dr. Matthias E. Gahr
Illustration: Elli Bruder
Druck und Bindung: Pustet, Regensburg
ISBN 978-3-7365-0554-4
www.vier-tuerme-verlag.de